राम-खुमारी

राम-खुमारी

ओशो

डायमंड बुक्स

संयोजन : स्वामी योग अमित / मा प्रेम तुर्य
प्रोडक्शन : स्वामी प्रेम असंग
संपादन : स्वामी चैतन्य कीर्ति/मा प्रेम कल्पना
संकलन : मा आनंद दिव्या/स्वामी आनंद सत्यार्थी
टाइपिंग : मा देव साम्या/मा ममता/स्वामी राजेन्द्र
फोटोटाइपसेटिंग : ताओ पब्लिशिंग प्रा. लि.

प्रकाशक
डायमंड पाकेट बुक्स (प्रा.) लि.
X-30, ओखला इंडस्ट्रियल एरिया, फेज-II
नई दिल्ली-110020
फोन : 011-40712200
ई-मेल : sales@dpb.in
वेबसाइट : www.diamondbook.in
संस्करण : 2021

अनुक्रम

ओशो परम कल्याणमित्र हैं, अस्तित्व का माधुर्य हैं।
उनकी करुणा का सहारा पाकर मानवता धन्य हुई है।

ओशो जिनका न कभी जन्म हुआ, न कभी मृत्यु
जो इस पृथ्वी ग्रह पर
11 दिसम्बर 1931 से 19 जनवरी 1990 तक
केवल एक आगंतुक रहे।

प्रस्तुत प्रवचन सम्मुख-उपस्थित श्रोताओं के प्रति
ओशो के सहज प्रतिसंवेदन हैं, जिनका मूल्य शाश्वत
व संबंध मानव-मानव से है।

1

धर्म का सार : खुमारी

पहला प्रश्न : भगवान,
आपने संत-शिरोमणि कबीर साहब के पद 'पीवत रामरस लगी खुमारी' को नई प्रवचन माला का शीर्षक बनाया है। क्या सच ही ब्रह्मानुभव परम मद है? यह ब्रह्मानुभव क्या है? भगवान, ऐसा लगता है कि कबीर साहब आपको अतिशय प्रिय' हैं। क्यों?

आनंद मैत्रेय,

कबीर निश्चय ही मुझे अतिप्रिय हैं। कारण बहुत हैं। बुद्ध से मुझे बहुत लगाव है, लेकिन बुद्ध राजमहल के एक उपवन हैं। सुंदर फूल खिले हैं। बड़ी सजावट है बगिया में, बड़ी रौनक है। परिष्कार है। लेकिन जंगल की जो सहजता है, स्वाभाविकता है, उसका अभाव है। बुद्ध अगर उपवन हैं तो कबीर जंगल हैं। जंगल का अपना सौंदर्य है—अछूता, कुंवारा। न तो मालियों ने संवारा है, न शिक्षा है, न संस्कार हैं, न ज्ञान है। और फिर भी परम प्रकाश का अनुभव हुआ है। शिक्षित-परिष्कृत व्यक्ति को जब परम प्रकाश का अनुभव होता है तो स्वभावतः उसकी अभिव्यक्ति जटिल होगी, दुरूह होगी। चाहे या न चाहे वह, उसकी अभिव्यक्ति में सिद्धांत की छाया होगी। उसकी अभिव्यक्ति अनगढ़ नहीं हो सकती।

कबीर की अभिव्यक्ति अनगढ़ है। ऐसा हीरा, जो अभी-अभी खान से निकला; जौहरी के हाथ ही नहीं पड़ा। न छैनी लगी, न पहलू उभरे। वैसा ही है जैसा परमात्मा ने बनाया था। आदमी ने अभी अपने हस्ताक्षर नहीं किए। इसलिए दूर हिमालय के पहाड़ों पर, कुंवारे जंगलों में जो सन्नाटा है, जो संगीत है, जो गहन मौन है, जो प्रगाढ़ शांति है—वैसी ही कुछ कबीर में है।

कबीर के साथ ही भारत में बुद्धों की एक नई शृंखला शुरू होती

है—नानक, रैदास, फरीद, मीरा, सहजो, दया। यह एक अलग ही शृंखला है। बुद्ध, महावीर, कृष्ण—यह एक अलग ही शृंखला है। बुद्ध, महावीर और कृष्ण राजमहलों के गीत हैं। कबीर, नानक, फरीद झोपड़ों में बजी वीणा हैं। राजमहल में गीत का पैदा हो जाना बहुत आसान; न हो तो आश्चर्य, हो तो कोई आश्चर्य नहीं। राजमहलों में जो रहा है, ऊब ही जाएगा। राजमहलों में जो जीया है, जगत से उसकी आसक्ति टूट ही जाएगी। लाख सम्हालना चाहे, बचाना चाहे, बहुत मुश्किल है बचाना।

निर्धन को धन में आशा होती है। लगता है मिल जाएगा धन तो सब मिल जाएगा, फिर पाने को कुछ और क्या! लेकिन जिसको सब मिला है उसकी आशा के लिए कोई आकाश नहीं बचता। उसके हाथ तो सिर्फ निराशा रह जाती है, हताशा रह जाती है।

बुद्ध के पास सब था; कबीर के पास कुछ भी नहीं। बुद्ध के पास क्या नहीं था? कबीर के पास क्या था? इसलिए बुद्ध अगर संसार की आपाधापी से छूट गए, यह दौड़ अगर व्यर्थ हो गई, तो नहीं कोई आश्चर्य है। राजमहलों में रहकर भी अगर कोई संन्यस्त न हो तो महामूढ़ होगा, मंदबुद्धि होगा। सिर्फ इसका सबूत देगा।

झोपड़ों में रहकर भी...कबीर तो जुलाहे थे। आज कमाया, आज खाया। कल कमाएंगे तो कल खाएंगे। इतना भी नहीं था पास कि कल के लिए भी निश्चिंत बैठ सकें। ऐसी गरीबी में भी जो देख सका संसार की व्यर्थता को, उसके पास महान प्रज्ञा होनी चाहिए। बुद्ध देख सके तो ठीक, महावीर देख सके तो ठीक; लेकिन कबीर देख सके तो बात अनहोनी है।

जैसा मैंने कहा कि महलों में सिर्फ बुद्धू ही उलझे रह सकते हैं, वैसे ही यह भी स्मरण रखना है कि झोपड़ों में केवल अति प्रज्ञावान ही बुद्धत्व को उपलब्ध हो सकते हैं।

इसलिए कबीर से स्वभावतः मेरा लगाव गहरा हो जाता है। और चूंकि कबीर अनगढ़ हैं, उनकी वाणी में एक चोट है। बुद्ध की वाणी सुकुमार है, फूल जैसी कोमल है। कबीर की वाणी यूं पड़ती है जैसे किसी ने चट्टान सिर पर गिरा दी हो।

कबीरा खड़ा बाजार में लिए लुकाठी हाथ!
लट्ठ लिए हाथ में खड़े हैं।
कबीरा खड़ा बाजार में लिए लुकाठी हाथ।

घर बारे जो आपना चले हमारे साथ।।

हो हिम्मत घर को जला डालने की, राख कर देने की तो आओ, हो लो हमारे साथ। और लट्ठ लिए खड़े हैं, कहते हैं। यह लुकाठी, यह लट्ठ क्यों? कबीर तो यूं गिरते हैं जैसे खड्ग की धार गर्दन पर गिरती हो। बुद्ध भी काटते हैं, लेकिन काटने में एक कुशलता है, एक तरतीब है, एक कला है। सूक्ष्म मार है। और कबीर तो सीधे-सीधे उठाते हैं कुल्हाड़ी और दो टुकड़े कर देते हैं।

कबीर के वचनों में आग है; आग्नेय हैं उनके वचन। बुद्ध के वचनों में कोई शीतलता भी होगी। कोई सांत्वना भी खोज सकता है बुद्ध के वचनों में, क्योंकि शीतल हैं। कबीर के वचनों में सांत्वना खोजनी असंभव है; वहां तो जलती क्रांति है। वहां तो जो राख होने को तैयार हो उसी के लिए निमंत्रण है।

फिर, चूंकि बुद्ध की सारी दीक्षा, सारी शिक्षा तर्क की थी, एक राजकुमार की तरह उन्हें शिक्षित-दीक्षित किया गया था, इसलिए जब वे बोलते हैं तो उनकी अभिव्यक्ति में तर्क का आधार है, दार्शनिकता है, गणित है। लेकिन क़बीर बेबूझ हैं, पहेली हैं, उलटबांसी हैं। तर्क का उन्हें कुछ पता ही नहीं। संगति का उन्हें कुछ हिसाब ही नहीं। चूंकि संगति बिठालने का उन्हें कुछ पता ही नहीं है, इसलिए सत्य उनमें जिस परिपूर्णता से प्रगट हुआ है वैसा बुद्ध में नहीं हो सकता। बुद्ध में तो सत्य कट-छंटकर आएगा, निखार लेकर आएगा; सत्य ऐसा आएगा जो तुम्हारी बुद्धि को रुचे-पचे। सत्य में बुद्ध के साथ राजी हो जाना बहुत कठिन नहीं।

बुद्ध की पूरी प्रक्रिया बुद्धिवादी है, रैशनल है। इसलिए बुद्ध ने उन सारे प्रश्नों को ही कभी उठाया नहीं, इनकार ही कर दिया। उन प्रश्नों को अव्याख्य कह दिया, जिन प्रश्नों में विरोधाभास अनिवार्य है—जिन्हें कहना हो तो कबीर की उलटबांसी ही कहनी पड़ेंगी। जैसे कबीर कहते हैं: एक अचंभा मैंने देखा, नदिया लागी आग! बुद्ध नहीं कह सकते। अचंभा उन्होंने भी देखा है, नदिया में लगी आग उनने भी देखी है, लेकिन बुद्ध कह नहीं सकते। यह उनकी शिक्षा-दीक्षा रोकेगी, कि ये कैसे कहूं, प्रमाण कहां से लाऊंगा, तर्क कहां से जुटाऊंगा? यह बात तो देखी। इसलिए बुद्ध कहते हैं: मैं विधि बताऊंगा कि तुम्हें भी ले चलूं उस नदी के किनारे, फिर तुम्हीं देख लेना। देख लोगे तो समझ लोगे। मगर मैं न कहूंगा कि नदिया में आग लगी; वह बात ही मत पूछो। चलने की राह पूछो, पहुंचने का मार्ग पूछो, विधि पूछो, विधान पूछो; मगर यह न पूछो कि वह अनुभव क्या है।

कबीर गांव के गंवार हैं; बेफिक्री से कह देते हैं कि नदी में आग लगी। नदी में कहीं आग लगती है? विवाद करने बैठोगे तो कबीर मुश्किल में पड़ेंगे। कैसे समझाएंगे कि नदी में आग लगी?

कबीर ऐसे बहुत से अचंभों की बातें करते हैं। मछली चढ़ गई रूख। वृक्ष पर मछली चढ़ गई। मछली के कोई पैर होते हैं कि वृक्ष पर चढ़ जाए? कभी सुना है, देखा कि वृक्ष पर मछली चढ़ जाए? लेकिन कबीर जब कह रहे हैं तो उनका प्रयोजन है। लेकिन प्रयोजन तर्कातीत है। मगर कबीर को फिक्र कहां कि बात तर्क में बैठती या नहीं, गणित के ढांचे में समाती या नहीं! कबीर को चिंता ही नहीं। कबीर को कोई ऐसी शिक्षा-दीक्षा नहीं मिली जिसमें ढांचे में बिठालना हो, चौखटों में तर्क के बिठालने का उनको कोई स्मरण ही नहीं है।

अभी-अभी पश्चिम के कुछ चित्रकारों ने अपनी कलाकृतियों में फ्रेम लगाना, चौखट लगाना बंद कर दिया है। पूछे जाने पर उन चित्रकारों ने कहा कि जगत में किसी चीज पर कोई फ्रेम तो होती नहीं। जैसे तुमने एक सूर्यास्त का चित्र बनाया, तो सूर्यास्त पर तो कोई फ्रेम होती नहीं कि यहां शुरू हुआ और यहां समाप्त हुआ। न कहीं शुरू होता है, न कहीं समाप्त होता है; फैलता ही चला जाता है दोनों तरफ अनंत में, अनंत दिशाओं में फैलता चला जाता है; सब आयामों में फैलता चला जाता है। लेकिन जब तुम चित्र बनाओगे तो तुम्हारे केनवास की तो सीमा होगी। फिर सीमा ही नहीं होगी, तुम चित्र को फ्रेम भी दोगे—सुनहला, सुंदर, बेशकीमती। और फ्रेम देते ही—इन चित्रकारों का कहना है—कि तुम्हारा सूर्यास्त झूठ हो गया। असली सूर्यास्त पर तो कोई फ्रेम न था, कोई चौखट न थी। तुमने यह चौखट कैसे जड़ दी?

तर्क भी एक चौखट है, सुंदर चौखट है। बड़ी सुनहली है। खूब नक्काशी है उसमें। बड़ा बारीक काम है, बड़ी कारीगरी है। लेकिन सत्य पर कोई चौखट नहीं होती।

बुद्ध ने और महावीर ने जो कहा है उस पर तर्क की चौखट है। मजबूरी थी उनकी। उनको ही मुश्किल था यह कहना। उनकी सारी शिक्षा-दीक्षा यूं थी कि ऐसी बेबूझ बात जो कबीर कह सकते हैं—बेशर्मी से, कोई लाज नहीं, कोई संकोच नहीं—वैसी बुद्ध, महावीर कैसे कहें? उनको खुद ही अड़चन मालूम होती है कि कोई अगर और कहता तो हम विरोध करते, तो हम कैसे

कहें? देखा तो उन्होंने भी है सूर्यास्त, जिस पर कोई सीमा नहीं है। देखा तो उन्होंने भी असीम को है, अनंत को है, जिसमें सारी असंगतियां तिरोहित हो जाती हैं और सारे विरोध लीन हो जाते हैं। लेकिन जब कहा है तो बड़े तर्क से, संवारे ढंग से कहा है।

इसलिए स्वभावतः बुद्ध के पास विचारशील चिंतकों का समूह इकट्ठा हुआ, पंडित इकट्ठे हुए, ज्ञानी इकट्ठे हुए, दार्शनिक इकट्ठे हुए। जितने दार्शनिकों को बुद्ध ने प्रभावित किया, संभवतः किसी व्यक्ति ने कभी प्रभावित नहीं किया। दुनिया में दर्शनशास्त्र की जितनी शाखाएं-प्रशाखाएं पैदा हुईं, वे सभी शाखा-प्रशाखाएं, वे सभी अंग-उपांग अकेले बुद्ध की धारा में भी पैदा हुए। अगर बुद्ध के दर्शन की पूरी गंगा को कोई समझ ले तो इस दुनिया में कहीं भी किसी भी तरह का कोई दर्शन पैदा हुआ हो, वह उसकी समझ में आ जाएगा। एक तरफ सारी दुनिया का दर्शनशास्त्र और एक तरफ बुद्ध की अकेली गंगा, दोनों समतोल हो जाते हैं।

फायदा भी हुआ बुद्ध को यूं कि दार्शनिक इकट्ठे हुए। और दार्शनिक निखार देते चले गए। लेकिन बात जितनी निखरी उतनी हवाई हो गई, उतनी वास्तविक न रह गई, उतनी शाब्दिक हो गई। यह नुकसान भी हुआ। हर लाभ के साथ नुकसान जुड़े हैं। बुद्ध की बड़ी छाप पड़ी। सारा एशिया बुद्ध से प्रभावित हुआ।

कबीर के पास कौन इकट्ठा हुआ—न कोई दार्शनिक आए, न कोई चिंतक आए, न कोई विचारक आए; उनको तो बात जंची ही नहीं। उनको बात जंचती कैसे? कबीर के पास कोई तर्क तो थे नहीं। अब कबीर लाख कहें कि मैंने अपनी आंख से देखा है कि नदी में आग लगी है, मगर कौन मानेगा यह? लोग कहेंगे पागल हो। हां, लेकिन दीवाने इकट्ठे हुए। तो नुकसान एक हुआ कि दार्शनिक न आए, चिंतक न आए, विचारक न आए, पंडित न आए; लेकिन लंबे अरसे में यही नुकसान लाभ का सिद्ध हुआ। दीवाने आए, मस्ताने आए, परवाने आए, होश गंवाने आए। एक और ही तरह के लोगों की जमात बैठी।

तो कबीर के वचनों में एक अखंडता है, एक परिपूर्णता है। लेकिन जब भी किसी चीज में परिपूर्णता होगी तो उसे तर्क के पार जाना पड़ेगा; उसे तर्क की चौखट को पीछे छोड़ना ही छोड़ना पड़ेगा। इसलिए कबीर से मुझे प्रेम है।

और कबीर ने फिर एक नई धारा को जन्म दिया—उजड्ड संतों की धारा। इन उजड्ड संतों की भी अपनी खूबी है—वही खूबी जो जंगल के सन्नाटे में होती है, कि सागर में उठे तूफान में होती है, कि पहाड़ पर लग गई आग में होती है। वही क्वांरापन, वही अलमस्ती, वही खुमारी। कबीर को यूं समझो कि जैसे उमर खय्याम और बुद्ध दोनों का मिलन हो गया; जैसे उमर खय्याम और बुद्ध दोनों एक संगम बन गए।

तो कबीर ने अलमस्तों की, फकीरों की, फक्कड़ों की एक अलग शृंखला को जन्म दिया। उस शृंखला में भाषा भी अपने ढंग से बनी। उस भाषा को भी एक अलग ही नाम मिल गया—सधुक्कड़ी। सधुक्कड़ी भाषा में फिर कोई तर्क नहीं पूछता। तर्क पूछना हो तो दार्शनिकों के पास ज़ाओ। कबीर के पास तो सत्य को पीना हो तो बैठो। कबीर को न तो किताबों का कुछ पता है। कहते हैं, मसि कागद छुओ नहीं। हाथ से ही नहीं छुआ कभी कागज और स्याही। उनके लिए तो काला अक्षर भैंस बराबर। वेद-कितेब, इन दोनों का तो बहुत विरोध किया, कि दोनों को अलग करो, हटाओ। इन्हीं से बीच में बाधा बन रही है। तुम्हारे और सत्य के बीच में ये वेद और कितेब। किताब का अर्थ कुरान और बाइबिल। इनको हटा दो। शास्त्र हटा दो। और द्वार खुला है और देख लो अपनी आंख से कि नदी में आग लगी है। नदी में आग लगी है का मतलब यह होता है कि विरोधाभास मिल रहे हैं; जो नहीं होना चाहिए वह हो रहा है। ऐसा जगत यह रहस्यमय है। इसे रहस्य-शून्य न करो। इसे तर्क की चौखटों में बिठाकर मारो मत, सुखाओ मत; इसके प्राणों को नष्ट न करो।

इसलिए कबीर से आनंद मैत्रेय, निश्चित ही मुझे लगाव है। और उनके एक-एक वचन में हजार-हजार वेद और कितेब समा सकते हैं। अब यही छोटा सा वचन: पीवत रामरस लगी खुमारी! ठीक ऐसा ही नानक ने कहा है: नाम खुमारी नानका चढ़ी रहे दिन-रात। ये सब एक ही जमात के फक्कड़ हैं। ये सब रिंद हैं, पियक्कड़ हैं। नाम खुमारी नानका चढ़ी रहे दिन-रात। यह खुमारी ऐसी है कि चढ़ी तो चढ़ी, उतरती ही नहीं फिर।

कबीर के इस वचन को, एक-एक शब्द को समझने की कोशिश करना, क्योंकि कबीर बहुत शब्दों के मालिक नहीं हैं। थोड़े से शब्द हैं, इसलिए एक-एक शब्द में डुबकी लगानी जरूरी है।

पीवत रामरस लगी खुमारी! पहला शब्द तो पीना। सत्य को जानना

नहीं है—पीना है, जीना है, कंठ से उतर जाने देना है। खोपड़ी में नहीं भरना है—प्राणों में, अंतरंग तक पहुंच जाने देना है। क्यों? क्योंकि सत्य कोई कुतूहल नहीं है, कोई जिज्ञासा नहीं है—प्यास है! और प्यास तो पीने से मिटेगी। और भूख तो भोजन से मिटेगी। लाख प्यासे आदमी के सामने बैठकर तुम जल की चर्चा करते रहो, सारा विज्ञान जल का समझा दो, यह भी बता दो कि आक्सीजन और उद्‌जन के परमाणुओं से मिलकर जल बनता है, एच टू ओ का फार्मूला भी पूरा का पूरा समझा दो, फिर भी क्या होगा? प्यासा कहेगा, बकवास बंद करो, मुझे प्यास लगी है। मुझे पानी दो। मुझे पानी के संबंध में नहीं जानना है। पानी के संबंध में जानकर क्या करूंगा? जानने से क्या होगा? जानने को पीऊं, खाऊं, ओढूं, क्या करूं? पानी दो, मुझे पीना है।

और ध्यान रहे कि पीने के लिए जानना जरूरी नहीं है। अगर पीने के लिए जानना जरूरी होता तो आदमी कभी का मर चुका होता, क्योंकि यह एच टू ओ का फार्मूला तो अभी-अभी इस सदी में जाना गया और आदमी तो करोड़ों साल से जी रहा है। और आदमी ही क्यों; अरे, जानवर भी पी रहे हैं, पशु भी पी रहे हैं, पक्षी भी पी रहे हैं; पशु-पक्षी ही क्यों, वृक्ष भी पी रहे हैं। बिना ही जाने! कुछ पता नहीं कि पानी का शास्त्र क्या है और पीए जा रहे हैं। देखते हो यह धांधली! कुछ होश है न हवास है। वृक्ष पी रहे हैं पानी। पी ही नहीं रहे हैं, मस्त हो रहे हैं पी-पीकर, नाच रहे हैं हवाओं में, सूरज की किरणों में। फूल खिल रहे हैं। कोई फिक्र ही किसी को पड़ी नहीं कि इस वृक्ष में फूल नहीं खिलने चाहिए, इसे पानी का रसायन भी आता नहीं। इसे अभी पानी का सूत्र भी मालूम नहीं और खिले जा रहे हो, और हंसे जा रहे हो, और सुगंध उड़ाए जा रहे हो! कुछ लाज-शर्म भी होती है! अज्ञानी होकर अज्ञानी जैसा व्यवहार करो। अज्ञानी होकर और ज्ञानी की मस्ती दिखला रहे हो!

अच्छा ही है कि प्यास का जानने से कोई संबंध नहीं, नहीं तो वृक्ष प्यासे कब के मर जाते, कब के फूल कुम्हला जाते। रातरानी में गंध न होती, जुही से सुवास न उड़ती, गुलाब न खिलते, कमल न खिलते। पशु-पक्षी मर जाते। आदमी ही न जी सकता था। जानना और अनुभव अलग-अलग बातें हैं। इसलिए पीने पर जोर है। पीवत रामरस लगी खुमारी! पीओ।

और इसीलिए कबीर, नानक, फरीद, रैदास, दादू, इनके पास एक और ही तरह का तीर्थ निर्मित हुआ। यूं तो जैनों के चौबीस तीर्थंकरों को हमने

तीर्थ बनाते देखा, मगर उनके तीर्थ बड़े तर्कबद्ध हैं, बहुत तर्कबद्ध हैं। कबीर ने भी तीर्थ बनाया, मगर वह तर्कबद्ध तीर्थ नहीं है। वह तीर्थ और ही ढंग का है—सत्संग का है।

सदगुरु के पास बैठो, डोलो, गाओ, नाचो—कभी चुप्पी में, कभी उसकी वाणी में डूबो। कभी उसके मौन को पीओ, कभी उसकी मुखरता को पीओ। कभी उसके गीत को जीओ, कभी उसके शून्य को। बैठो सत्संग में—चुप, मौन, खाली—जैसे कोई प्याली, कि वह बरसे तो तुम्हारी प्याली में जगह हो। सदगुरु तो आषाढ़ के महीने का जल से भरा हुआ मेघ है। तुम खाली हो तो भर जाओगे। नाचो, जैसे मोर नाचते हैं आषाढ़ में घिर गए मेघों को देखकर। मेघ-मल्हार उठने दो। यह और ही बात है।

महावीर समझाते हैं तर्कपूर्ण ढंग से, विवाद करते हैं, खंडन-मंडन है। कबीर के पास ये सब बातें नहीं हैं। कबीर के पास तो पियक्कड़ों की जमात है। और पीने को क्या है? रामरस! ध्यान रखना, यहां राम से कोई प्रयोजन दशरथ के बेटे राम से नहीं है। उनका तो रस कैसे बनाओगे? उसमें तो आदमखोर हो जाओगे। उसमें तो बहुत झंझट होगी। अब दशरथ के बेटे रामचंद्र जी को घिस-घिसकर क्या कोई भांग बनाओगे, कि चाय बनाओगे, काफी बनाओगे, क्या करोगे? दशरथ के बेटे राम से कोई प्रयोजन नहीं है। यहां रामरस से तो अर्थ है, वह जो परम सत्य है। उसके लिए एक नाम—राम। कोई भी नाम दे दो, सब नाम उसके। राम कहो, रहीम कहो, रहमान कहो—सब नाम उसके। कोई भी नाम दे दो। क्योंकि वह तो अनाम है। सब नाम कामचलाऊ हैं।

और वह रस है। ठीक वही सूत्र उपनिषदों का, जो परमात्मा की व्याख्या करता है—रसो वै सः! वह रस है। रस का अर्थ ही होता है कि एक बूंद भी उतर जाए भीतर तो प्यास सदा को बुझ जाए। इस रस को भीतर उतारने की कला को ही हमने इस देश में रसायन कहा था। अब तो बड़ी गड़बड़ हो गई है। अब तो कैमिस्ट्री का अनुवाद रसायनशास्त्र हो गया। रसायन बड़ा प्यारा शब्द था; उसका बड़ा आध्यात्मिक मूल्य था। कैमिस्ट्री को रसायन न कहो तो अच्छा। अल्केमी का नाम था रसायन। रसायन का अर्थ था : सत्संग, जहां रस पकता है, जहां रस झरता है, जहां रस पीया जाता है। पीवत रामरस लगी खुमारी!

और खुमारी शब्द बड़ा गहरा है। खुमारी का अर्थ होता है—न तो

बेहोशी, न होश; दोनों और दोनों नहीं। कुछ-कुछ होश, कुछ-कुछ बेहोशी; दोनों का मिलन जहां हो रहा है। वह संध्याकाल, जहां दिन मिलते हैं और रात मिलती है। न कह सकते हो दिन है, न कह सकते हो रात है। ऐसी ही एक भीतर अवस्था है। जब एक तरफ से देखो तो लगता है खुमारी है। डोलते देखोगे, मस्त होते देखोगे। दूसरी तरफ से देखोगे तो पाओगे सब थिर है, स्थितप्रज्ञ को पाओगे। एक तरफ मीरा का नाच है और एक तरफ बुद्ध का मौन है। ये दोनों जहां मिल गए हैं, उसका नाम खुमारी।

बुद्ध से पूछोगे खुमारी, तो बुद्ध कुछ उत्तर न दे सकेंगे, बुद्ध चुप रह जाएंगे। उनके तर्कशास्त्र में खुमारी न जमेगी। बुद्ध तो सिर्फ होश की बात करेंगे—जागृति, स्मृति। महावीर भी विवेक की बात करेंगे, बोध की बात करेंगे; जैसे कृष्णमूर्ति अवेयरनेस की बात करते हैं, खुमारी की बात नहीं कर सकते। कृष्णमूर्ति वही बुद्ध और महावीर की परंपरा के अंग हैं, उसी श्रृंखला के। लाख इनकार करें, इनकार करने से क्या होता है? असल में इतना इनकार करते हैं, उससे ही जाहिर होता है कि कहीं न कहीं उनको डर लगा ही हुआ है कि कहीं मैं भी उसी श्रृंखला में न गिन लिया जाऊं। वह भय ही बता रहा है। लेकिन बात इतनी साफ है।

बुद्ध जिसको सम्मासति कहते हैं, सम्यक स्मृति और महावीर जिसको विवेक कहते हैं और गुरजिएफ ने जिसको सेल्फ-रिमेम्बरिंग, आत्मस्मरण कहा है, कृष्णमूर्ति उसी को अवेयरनेस कहते हैं। इसमें कुछ भेद नहीं है, शब्दों का ही भेद है। मगर इनमें खुमारी कहीं भी नहीं आती। हां, खुमारी की बात मीरा करती है, सहजो करती है, उमर खय्याम करता है, अलहिल्लाज करता है, सरमद करता है। लेकिन वे सिर्फ खुमारी की बात करते हैं; उनके पास फिर होश का कोई सवाल नहीं। कबीर वही अदभुत समागम हैं जो खुमारी की बात करते हैं; बेहोशी की नहीं, होश की भी नहीं; दोनों के बीच का संध्याकाल, जहां होश और बेहोशी मिलते हैं—ऐसे मिलते हैं कि होश बेहोश हो जाता है, बेहोशी होश हो जाती है। उस घड़ी का नाम खुमारी है। खुमारी बड़ी अदभुत दशा है—डोल भी रहे मस्ती में और जागे भी; नाच भी रहे और जागे भी।

गीत को उठने दो और साज को छिड़ जाने दो
चचुप्पी को छूने दो लफ्जों के नर्म तारों को
और लफ्जों को चुप्पी की गजल गाने दो।

खोल दो खिड़कियां सब, और उठा दो पर्दे
नई हवा को जरा बंद घर में आने दो।
छत से है झांक रही, कब से चांदनी की परी
दीया बुझा दो, आंगन में उतर आने दो।
फिजां में छाने लगी है बहार की रंगत
जुही को खिलने दो, चंपा को महक जाने दो।
जरा सम्हलने दो मीरा की थिरकती पायल
जरा गौतम के सधे पांव बहक जाने दो।
हंसते ओंठों को जरा चखने दो अश्कों की नमी
और नम आंखों को जरा फिर से मुस्कुराने दो।
दिल की बातें अभी झरने दो हरसिंगारों-सी
बिना बातों के कभी आंख को भर आने दो।
रात को कहने दो, कलियों से राज की बातें
गुलों के ओंठों से उन राजों को खुल जाने दो।
जरा जमीं को अब उठने दो अपने पांवों पर
जरा आकाश की बांहों को भी झुक जाने दो।
कभी मंदिर से भी उठने दो अजान की आवाज
कभी मस्जिद की घंटियों को भी बज जाने दो।
पिंजरे के तोतों को दोहराने दो झूठी बातें
अपनी मैना को तो पर खोल चहचहाने दो।
उनको करने दो मुर्दा रस्मों की बरबादी का गम
हमें नई जमीन, नया आसमां बनाने दो।
एक दिन उनको उठा लेंगे इन सर-आंखों पर
आज जरा खुद के तो पांवों को सम्हल जाने दो।
जरा सागर को बरसने दो बन कर बादल
और बादल की नदी सागर में खो जाने दो।
जरा चंदा की नर्म धूप में सेंकने दो बदन
जरा सूरज की चांदनी में भीग जाने दो।
उसको खोने दो, जो कि पास कभी था ही नहीं
जिसको खोया ही नहीं, उसको फिर से पाने दो।
अरे, हां-हां हुए हम, लोगों के लिए दीवाने

अब लोगों को भी कुछ होश में आ जाने दो।
ये है सच कि बहुत कड़वी है मय इस साकी की
रंग लाएगी, गर सांसों में उतर जाने दो।
छलकेंगे जाम जब छाएगी खुमारी घटा
जरा मैख्वारों के पैमानों को तो सम्हल जाने दो।
जरा साकी के तेवर तो बदल जाने दो।
न रहे मयखाना, न मयख्वार, न साकी, न शराब
नशे को ऐसी भी इक हद से गुजर जाने दो।
उसको गाने दो, अपना गीत मेरे ओंठों से
और मुझे उसके सन्नाटे को गुनगुनाने दो।
जरा सम्हलने दो मीरा की थिरकती पायल
जरा गौतम के सधे पांव बहक जाने दो।
गीत को उठने दो और साज को छिड़ जाने दो।।

वह घड़ी, वह संध्याकाल—जहां मीरा होश में आ जाती है और जहां बुद्ध नाचने लगते हैं, उसका नाम है—खुमारी। पीवत रामरस लगी खुमारी!

आनंद मैत्रेय, और निश्चय ही यह अनुभव चाहो तो कहो निर्वाण, चाहो तो कहो ब्रह्मानुभव, मगर एक बात तय है कि यह परममद है।

परममद का अर्थ होता है जिसे पीया तो पीया; जो चढ़ा तो चढ़ा, जो फिर उतरने का नाम नहीं लेता। जो उतर-उतर जाए वह भी क्या पीने योग्य है! शराब ही पीनी हो तो ऐसी पीनी चाहिए कि फिर उतरे नहीं। बार-बार उतर जाए, फिर-फिर पीनी पड़े और उतर-उतर जाए...।

यही तो हमारे जीवन की शैली बन गई। कितनी बार जन्मे, कितनी बार वही काम किए, कितनी बार हारे, कितनी बार जीत की आकांक्षाएं लेकर चले, कितनी आशाएं और कितनी बार निराशाएं—फिर वही, फिर वही। एक चक्कर है। कोल्हू के बैल की तरह घूमते चले जाते हैं। रोज-रोज पीते हो, रोज-रोज उतर जाता है। रोज-रोज चढ़ाते हो रंग, रोज-रोज ढल जाता है। रोज-रोज बनाते हो, रोज-रोज मिट जाता है। ये ताश के पत्ते, और कब तक इनसे महल बनाने हैं? ये कागज की नावें और कब तक चलानी हैं? कुछ ऐसा पीओ कि फिर उतरे ही नहीं। वही परमपद है।

नाम उसे तुम जो देना चाहो—ब्रह्मानुभव कहो, भागवत-अनुभव कहो, बुद्धत्व कहो—ये सब नामों के भेद हैं। नामों में बहुत उलझना मत।

यह बुद्धि नामों में उलझ जाती है, अटक जाती है। तुम तो पीओ। तुम तो कंठ की सुनो। तुम तो प्राणों की भाषा समझो।

मेरे पास जो निर्मित हो रहा है, यह कोई मंदिर नहीं, मयखाना है, मयकदा है। और मेरे पास जो आ गए हैं, ये कोई साधारण तथाकथित धार्मिक लोग नहीं। ये रिंद हैं। ये पियक्कड़ हैं। ये परवाने हैं। और इसलिए बहुत मेरे साथ तुम्हारी भी निंदा होगी। मेरे साथ तुम पर भी बहुत गालियां बरसेंगी। यह पीने वालों का हमेशा का भाग्य रहा। इसे बदला नहीं जा सकता है। भीड़ ने सदा मस्तों के साथ यही दुर्व्यवहार किया है और भीड़ यही दुर्व्यवहार जारी रखेगी। मगर पीने का मजा ऐसा है कि कौन फिक्र करता है।

सरमद ने चिल्लाकर कहा था कि मैं परमात्मा हूं। मुल्लाओं ने, मौलवियों ने साजिश की, सरमद को झुकाने की कोशिश की। धमकी दी कि सिर काट देंगे। सरमद ने कहा, सिर काटो तो काटो, मेरा कुछ भी न काट पाओगे। और मैं तुमसे यह कहे देता हूं, मेरा कटा हुआ सिर भी यही चिल्लाएगा कि मैं परमात्मा हूं। कटने से भी कुछ फर्क न पड़ेगा। मैं फिर भी आवाज दिए जाऊंगा।

और यही हुआ। दिल्ली की जामा-मस्जिद में सरमद का सिर काटा गया। और जब सिर उसका सीढ़ियों पर गिरा मस्जिद की और सीढ़ियों से लुढ़का, तो हर सीढ़ी पर ठहरा और चिल्लाया कि मैं परमात्मा हूं! अनलहक! अहं ब्रह्मास्मि! यह शायद कहानी ही होगी, लेकिन कभी-कभी कहानियां सत्यों से भी ज्यादा सत्य होती हैं।

दीवाने मिट जाते हैं, फिर भी उनकी आवाज नहीं मिटती। दीवाने मिट जाते हैं, फिर भी उनकी दीवानगी नहीं मिटती। मस्तों को मिटाने का कोई उपाय ही नहीं है।

यह जमात मस्तों की है। और यहां तुम इकट्ठे हुए हो तो इसीलिए, कि रामरस पी लो, कि खुमारी लग जाए। नाचो और भीतर थिरता भी बने। भीतर तो स्थितप्रज्ञ की अवस्था हो और बाहर परवाने का नृत्य। देखा है परवाने को नाचते शमा के चारों तरफ? तुम्हारे भीतर की चेतना तो शमा बन जाए—एक अखंड ज्योति, अकंपित। और तुम्हारा पूरा जीवन उसके चारों तरफ एक नृत्य बन जाए। इस नृत्य के और जागरण के मिलन का नाम खुमारी है। मेरे हिसाब में खुमारी में समस्त धर्म का सार आ जाता है।

दूसरा प्रश्नः भगवान,
प्रायः सभी धर्मों में व्यक्ति के रूप में ईश्वर की धारणा क्यों बनी?
ईसाई तो व्यक्तिगत ईश्वर की बात करते हैं।
आप क्यों कहते हैं कि वह व्यक्ति नहीं उपस्थिति है?

निखिलानंद,

उनने जिन्होंने जाना है, उन्होंने यही कहा है जो मैं कह रहा हूं। इससे अन्यथा जानने वाले कह ही नहीं सकते। लेकिन धर्म को जानने वाले और धर्मों को बनाने वाले लोग अलग-अलग होते हैं। बुद्ध जानते हैं, बनाते तो हैं पंडित। महावीर जानते हैं, बनाते तो हैं पंडित। जो जानता है वह कोई और; जो बनाता है वह कोई और। जो जानता है उसने बनाया नहीं; जो नहीं जानता है उसने बनाया है। और इसलिए सारी विकृति हो गई है।

फिर, जिसने नहीं जाना और बनाया है, उसके बनाने के अपने प्रयोजन हैं; उसने धर्म को भी शोषण का आधार बना लिया। और अगर धर्म के आधार पर शोषण करना हो तो ईश्वर की व्यक्तिगत धारणा जरूरी है, क्योंकि बिना ईश्वर को व्यक्ति की तरह माने किसकी पूजा, किसका पाठ; किसके यज्ञ, किसके हवन; किसके मंदिर, किसकी मूर्तियां; किसकी मस्जिदें, किसके गिरजे? पंडित का सारा काम ही समाप्त हो जाता है। मौलवी की कोई जरूरत नहीं रह जाती। पुरोहित विदा हो जाता है। ये सारे एजेंट और दलाल, इनका कोई स्थान नहीं बचता। ईश्वर व्यक्ति हो तो इन सबकी जरूरत रह जाती है।

अगर ईश्वर व्यक्ति है और केवल संस्कृत भाषा ही बोलता है—क्योंकि वही दिव्यवाणी है, बाकी तो सब मनुष्य की भाषाएं हैं! तुम सोच भी सकते हो कि ब्राह्मण मान ले कि ईश्वर और हिब्रू बोलता है! संस्कृत बोलता है—संस्कृत भी वैदिक संस्कृत! और निश्चित ही वैदिक संस्कृत को जानने वाला ही कोई मध्यस्थ हो सकता है। किसी न किसी को बीच में भाषांतर का काम करना पड़ेगा न! और इसलिए स्वभावतः ब्राह्मणों ने कहा कि शूद्र को तो हक ही नहीं है कि वह वेदों को पढ़े। तो समाज का करीब-करीब आधा हिस्सा, पचास प्रतिशत लोग तो उन्होंने वंचित कर दिए। वैश्यों को भी क्या समझ हो सकती है वेदों की! तुम धंधा करो, दुकान करो।

तुम दुनियादारी की बात करो। उस परलोक का तुम्हें क्या पता हो सकता है! तो और एक चौथाई हिस्सा समाप्त हो गया। फिर क्षत्रियों को कहा कि तुम्हारा काम है युद्ध, वही तुम्हारा धर्म। अपना-अपना धर्म पालन करो। बचा ब्राह्मण; उसका ठेका हो गया। वही मध्यस्थ का काम करेगा। वही पूजा करेगा, प्रार्थना करेगा, पौरोहित्य करेगा।

और स्वभावतः व्यक्तिगत ईश्वर हो तो ही यह सारा काम चल सकता है। अगर भगवान नहीं है, भगवत्ता है तो बात बदल जाएगी। फिर वहां कोई है ही नहीं, भाषा का सवाल नहीं। और यहूदी कहते हैं, वह हिब्रू ही जानता है। और मुसलमान कहते हैं, वह अरबी ही जानता है। और हर भाषा के, और हर धर्मों के ठेकेदार हैं। और उन ठेकेदारों ने यह सारा आयोजन किया है, निखिलानंद। ईश्वर को जानने वालों ने नहीं, ईश्वर के नाम का शोषण करने वालों ने। और जितना शोषण धर्म के नाम पर हुआ है उतना किसी और चीज के नाम पर नहीं हुआ। धर्म के नाम पर बड़ी तरकीबों से शोषण किया जा सकता है। धार्मिक व्यक्ति बड़े कुशल हो जाते हैं शोषण करने में।

दादा चूहड़मल फूहड़मल दूध की दुकान में गए। बोले, भाई, कैसे लिटर दूध?

दुकानदार बोला, दादा, तीन रुपया फीका, चार रुपया मीठा।

दादा बोले, क्या? चार रुपया मीठा!

दुकानदार बोला, दादा, शक्कर देख रहे हो, सोलह रुपए किलो!

दादा बोले, अच्छा भाई, एक पाव मीठा दूध दे दो।

दुकानदार ने दूध दिया। दादा पीने के बाद बोले, इसमें तो शक्कर थी ही नहीं। अब पी गए, तो अब तो कोई प्रमाण बचा नहीं। धार्मिक आदमी का अपना गणित है। अब मुझे शक्कर दो। शक्कर ऊपर से खा लूंगा।

दुकानदार चौंका। लेकिन अब करे भी क्या! और भीड़ इकट्ठी हो गई और लोगों ने कहा कि साईं झूठ थोड़े ही बोलेंगे। अरे, बड़े धार्मिक गुरु हैं! क्या छोटी सी शक्कर के पीछे झूठ बोलेंगे? दे शक्कर।

भीड़-भाड़ और बाजार का मामला, अपनी बेइज्जती न करवाने के लिए बेचारे ने शक्कर दी। दादा ने शक्कर खाई और शक्कर खाकर लुढ़कने लगे। कुलाटी खाने लगे। तरह-तरह के आसनादि करने लगे। भीड़ और इकट्ठी हो गई। खासा सर्कस दादा ने खड़ा कर दिया। धार्मिक आदमी जो न करे थोड़ा! दुकानदार बहुत घबड़ाया। बोला कि साईं, अब क्या हुआ। अब

क्या चाहिए, बाबा बोलो!

दादा कुछ बोलें ही नहीं। वे तो कुलाटे पर कुलाटे खाते जा रहे। दुकानदार ने सोचा कि शायद मेरे दूध में कुछ गड़बड़ी है। उसने सारा दूध फिंकवा दिया। और भी जो दुकानदार उसका दूध बेचते थे, उन्होंने भी सारा दूध फेंक दिया। जब सब दूध फेंक चुके तो दादा उठकर बोले, मेरे पैसे वापस कर। किसी की जान लेगा? अभी पुलिस में जाकर रिपोर्ट करता हूं।

सो उसने घबड़ाहट में उनके पैसे भी दे दिए और फिर बोला कि साईं, अब यह तो बताओ कि आपको आखिर हो क्या गया था? क्योंकि जिंदगी मुझे दूध बेचते हो गई, मेरे बाप-दादे दूध बेचते थे, उनके बाप-दादे भी दूध बेचते थे, लेकिन दूध ने कभी ऐसा कार्य करके नहीं दिखाया। हुआ क्या?

शीर्षासन और तरह-तरह के आसन इत्यादि जितने भी योगासन जानते थे दादा ने सब करके दिखा दिए। कुछ और अपने भी जोड़ दिए। उसने कहा कि दूध में कोई खराबी रही होगी, मानता हूं। शक्कर में कोई खराबी रही होगी, मानता हूं। मगर ऐसी खराबी न सुनी कभी, न कभी देखी। अरे, आदमी बीमार हो जाए, वमन हो जाए। मगर ये इस तरह की कुलाटियां और यह सर्कस! सच कहना साईं आपको क्या हो गया था?

दादा हंसते हुए बोले, हुआ क्या था, अरे, मैं तो दूध में शक्कर मिला रहा था।

दादाओं ने धर्म खड़े किए हैं—बड़े गुरुघंटालों ने।

दादा चूहड़मल फूहड़मल अपने भक्तों के साथ एक बूढ़ी अमीर महिला को लूटने के लिए एक ट्राली एक ट्रेक्टर के पीछे बांधकर ले गए। उस महिला का सब मूल्यवान सामान ट्राली में डाला, तो महिला ने शोर मचाना शुरू किया। दादा ने उस महिला को भी उठाकर ट्राली में बिठा दिया। महिला चिल्लाने लगी कि मैं तो लुट गई, कि मैं तो मर गई! तब दादा और उसके भक्त हारमोनियम-तबले वगैरह के साथ कहने लगे कि बुढ़िया सच कहती है, कि बुढ़िया सच कहती है! रास्ते भर वह रोती रही, चिल्लाती रही कि मैं तो लुट गई, कि मैं तो मर गई! और दादा और उसके भक्त ताल में गाते रहे कि बुढ़िया सच कहती है! रास्ते में खड़े हुए लोग हंसते, पुलिस वाले हंसते। और कहते कि भई बुढ़िया सच कहती है। अरे, दुनिया में सभी लुट रहे हैं! बुढ़िया और जोर-जोर से चिल्लाती कि बचाओ, मैं लुट गई! मगर दादा का भजन और भक्तों की धुन। सभी लोग कहते कि वाह, क्या

कीर्तन-मंडली है!

इसको कहते हैं धार्मिक डाका। धर्म के नाम पर धार्मिक डाके पड़ते रहे हैं।

निखिलानंद, सभी धर्मों में व्यक्ति के रूप में ईश्वर की धारणा इसलिए बनी कि पंडित-पुरोहित, मौलवी-मुल्ला, पादरी-पोप, वह ईश्वर की व्यक्तिगत धारणा के बिना जी नहीं सकता। लेकिन जिन्होंने जाना है, उन्होंने परमात्मा को व्यक्ति नहीं कहा है, अनुभूति कहा है; सत्य कहा है; चैतन्य का परम शिखर कहा है; भगवत्ता की प्रतीति कहा है। लेकिन भगवान कोई व्यक्ति नहीं है, जिसने दुनिया बनाई हो, जो दुनिया को चला रहा हो, जो यह सब गोरखधंधा कर रहा हो। यह तुम्हारी ही चेतना का समाधिस्थ रूप है। तुम्हारी ही चेतना जब मन से मुक्त हो जाती है, विचार से शून्य हो जाती है, जब तुम्हारे भीतर ही सारे अंधड़-तूफान आने बंद हो जाते हैं, जब तुम्हारे चित्त की झील बिलकुल ही तरंग-रहित हो जाती है, जब तुम एक दर्पण बन जाते हो, तब तुम्हारे भीतर जो अनुभव होता है वही अनुभव परमात्मा है, भगवान है। लेकिन अच्छा हो कि हम भगवत्ता शब्द का उपयोग करें।

इसलिए मैं कहता हूं कि ईश्वर व्यक्ति नहीं, उपस्थिति है। जब तुम खुमारी में डूब जाओगे तो जानोगे।

तीसरा प्रश्न: भगवान,
मा विपस्सना व स्वामी चिन्मय ने मृत्यु के पूर्व छठवें चक्र तक यात्रा कर ली। तथा स्वामी देवतीर्थ भारती और अभी कल ही स्वामी आनंद विमलकीर्ति अपनी मृत्यु से पहले परमबोधि को उपलब्ध हुए।
भगवान, क्या मृत्यु में बुद्धत्व की घटना जीवन में जागरण से आसान है? समझाने की अनुकंपा करें।
अब तो कबीरदास की यह साखी ही हम सब संन्यासियों की अभीप्सा है—

जिस मरने से जग डरै मेरो मन आनंद।
कब मरिहौं कब भेटिहौं पूरन परमानंद।।

शैलेंद्र,

जीवन में जागना तभी संभव है जब जीवित अवस्था में ही तुम्हें मृत्यु का बोध स्पष्ट हो जाए। जागरण तो हमेशा मृत्यु के कारण ही होता है, जीवन

में हो या मृत्यु में हो। जब तुम्हें दिखाई पड़ने लगता है कि यह जीवन हमारा चारों तरफ मृत्यु से घिरा है, अब गया तब गया। देर-अबेर की बात है, मौत आई ही है। हम पंक्तिबद्ध खड़े हैं। एक-एक व्यक्ति खिसकता जा रहा है, पंक्ति छोटी होती जा रही है, क्यू छोटा होता जा रहा है। हम मौत के दरवाजे के करीब पहुंचते जा रहे हैं।

हर जन्मदिन पर तुम्हें जन्मदिन नहीं मृत्युदिन मनाना चाहिए, क्योंकि एक साल और जिंदगी से कम हो गया। जन्मने के बाद बच्चा एकदम मरना शुरू हो जाता है, तत्क्षण, क्योंकि एक-एक पल जीवन छंटने लगा और बूंद, बूंद चुकते-चुकते पूरी गागर खाली हो जाती है। गागर क्या, सागर भी खाली हो जाता है।

जिनको इतना बोध है, जिनके भीतर इतनी तीक्ष्ण प्रतिभा है कि वे जीवन में ही मृत्यु को छुपा देख लेते हैं, वे तो जीवन में ही जागते हैं। और अगर इसमें थोड़ी देर-अबेर लग गई तो मृत्यु के क्षण में एक परम अवसर मिलता है। मगर वह भी तभी मिल सकता है जब जीवन में थोड़ा-बहुत ध्यान का प्रयोग किया हो। अगर बिलकुल प्रयोग न किया हो तो वह नहीं मिलेगा।

मृत्यु दो तरह से घटती है—ध्यानी की और गैर-ध्यानी की। गैर-ध्यानी तो मृत्यु के पहले ही बेहोश हो जाता है। इसलिए बेहोशी में ही मरता है। लेकिन ध्यानी, जिसने थोड़ा भी ध्यान साधा हो, मृत्यु में भी ध्यान की उतनी बारीक किरण को बचा पाता है। और उसी बारीक किरण के कारण उसे फासला साफ हो जाता है कि शरीर मर रहा है, मन मर रहा है; मैं नहीं मर रहा हूं। और जैसे ही यह अनुभव हुआ कि मैं नहीं मर रहा हूं, कि निर्वाण उपलब्ध हो गया, कि शाश्वतता मिल गई, कि अमृत का अनुभव हो गया।

रहना नहिं देस बिराना है।
यह संसार कागद की पुड़िया, बूंद पड़े घुल जाना है।
यह संसार कांट की बाड़ी, उलझ पुलझ मरि जाना है।।
यह संसार झाड़ और झांखर, आग लगे बरि जाना है।
कहत कबीर सुनो भाई साधो, सतगुरु नाम ठिकाना है।।

लेकिन यह अनुभव जीते-जी जरा मुश्किल। बचपन में होश कहां! बचपन में तो खिलौने उलझा लेते हैं। फिर जवानी आई तो खिलौने बदल जाते हैं, मगर खेल जारी रहता है। छोटे बच्चे गुड़ियों से खेलते हैं, गुड्डा-गुड़ियों के विवाह रचाते हैं। जवान अपने विवाह रचाने लगते हैं। वही

गुड्डा-गुड़ियों का खेल है, जरा पैमाना बड़ा हुआ।

आंख बेवजह भी हो जाती है नम, क्या कीजै
मुफ्त बदनाम हुए उनके सितम, क्या कीजै
यूं तो सर्मा-ए-जां है मुझे यारों का खुलूस
दिल दुखा जाती है हर सअई-ए-करम, क्या कीजै
रक्स में कौस बनाती हुई बाहों की तरह
मंजिलों से भी हसीन राह के खम, क्या कीजै
छू गई प्यार से हर दर्द की साअत दिल को
और दुनिया से तकाजाए-करम, क्या कीजै
चंद लम्हों को सही, आ तो गया दिल में मलाल
खुल गया दावा-ए-तम्कीं का भरम, क्या कीजै
कौन पा सकता हम आवारा-मिजाजों का सुराग
दास्तां लिखते गए नक्शे-कदम, क्या कीजै
हसरते-दीद की तस्कीन का सामान कहां
पत्थरों में अभी सोते हैं सनम, क्या कीजै
इत्तिफाकाते-जमाना हैं, खिजां हो कि बहार
जो गुजरना है गुजर जाएगी, गम क्या कीजै
दफअतन जल उठे 'ताबां' कई यादों के चिराग
आज फिर जीत गई शामे-अलम, क्या कीजै
आंख बेवजह भी हो जाती है नम, क्या कीजै
मुफ्त बदनाम हुए उनके सितम, क्या कीजै

.जिंदगी सब दृश्य दिखाती है, चुनाव हम पर है। कांटे भी और फूल भी और दिन भी और रातें भी। सुख भी और दुख भी। जिंदगी सब लाती है। लेकिन चुनाव हम पर निर्भर है। देखने की क्षमता हम पर निर्भर है। पहचानना हमें है। यूं तो हीरे भी पत्थर हैं, जो पहचान ले। और नहीं तो पत्थर भी हीरे मालूम हो सकते हैं; जो न पहचाने। पारखी की नजर चाहिए।

रक्स में कौस बनाती हुई बाहों की तरह
मंजिलों से भी हसीन राह के खम, क्या कीजै

मंजिलों की तो बात छोड़ो, रास्ते के मोड़ ही इतने प्यारे लगते हैं कि उन्हीं में उलझ जाते हैं।

रक्स में कौस बनाती हुई बाहों की तरह

जैसे नाच में बाहों ने इंद्रधनुष बनाए हों।

मंजिलों से भी हसीन राह के खम, क्या कीजै

राह की उलझनें ही, राह के मोड़ ही ऐसे प्यारे लगते हैं, ऐसे घुमावदार, हम वहीं भटक जाते हैं। समझा-बुझा लेते हैं अपने को।

इत्तिफाकाते-जमाना हैं, खिजां हो कि बहार

सब संयोग की बात है—समझा लेते हैं अपने को। नदी-नाव संयोग।

इत्तिफाकाते-जमाना हैं, खिजां हो कि बहार

फिर बहार आए कि पतझड़ सब संयोग है।

जो गुजरना है गुजर जाएगी, गम क्या कीजै

समझाते रहते हैं कि जो गुजरना है गुजर जाएगी। जो गुजरना है वह तो जरूर गुजर जाएगी, मगर तुम तो जाग जाओ, तुम तो न गुजरो, तुम तो उसके साथ न बह जाओ।

जिंदगी में वही अवसर तुम्हें हैं, जो कबीर को, जो नानक को, जो बुद्ध को, जो महावीर को, वही अवसर सभी को हैं। मगर हर व्यक्ति अपने-अपने होश के हिसाब से चुन लेता है। बच्चों से तो आशा नहीं की जा सकती। जवान बहुत महत्वाकांक्षाओं से भरे होते हैं। लेकिन हैरानी तो यह होती है कि बूढ़े भी वही गोरखधंधा, वही बेवकूफियां, वही जमानेभर के उलटे-सीधे काम। मरते-मरते दम तक लोग जरा भी साधते नहीं स्वयं को। तो फिर मौत आती है, बेहोशी लाती है।

लेकिन शैलेंद्र, अगर ध्यान की गति बनती रहे तो मौत परम अवसर है, महाअवसर है, क्योंकि मौत आखिरी मौका है। जिंदगीभर अगर ध्यान की थोड़ी सी भी धारा भीतर सघन होती रहे तो मौत में जाकर प्रगाढ़ हो उठती है, प्रज्वलित हो उठती है। वह जो टिमटिमाते दीए की तरह जलती थी; मौत में भभक उठती है, जंगल की आग हो जाती है। और मृत्यु के क्षण में अगर होश बना रहे तो मुक्ति सुनिश्चित है, निर्वाण सुनिश्चित है।

जीवन से भी ज्यादा बड़ा अवसर मृत्यु है। मगर मृत्यु तभी अवसर है, जब तुमने जीवन का थोड़ा सा, कम से कम थोड़ा सा, एक अंश भी ध्यान के लिए समर्पित किया हो। तो फिर मृत्यु भी मृत्यु नहीं है; सिर्फ अमृत का द्वार है।

अपने को थोड़ा-थोड़ा उलझावों से बाहर करो। तर्क न खोजो। उलझाव के लिए बहुत तर्क हैं।

यकीं को वहम, हकीकत को ख्वाब कैसे कहूं

जश्ने-शौक को मौजे-सराब कैसे कहूं
हजार कुर्बतें जिसमें हों, ऐसी दूरी को
गुरेज कैसे कहूं, इज्तिनाब कैसे कहूं
खिले हुए हों जहां सौ चमन जराहत के
वो मेरा दिल ही सही, मैं खराब कैसे कहूं
हजार निस्बतें पिन्हां सही, मगर फिर भी
तेरी जफा को तिरा इज्तिराब कैसे कहूं
मिरा बुजूद मुजस्सम सवाल है लेकिन
जमाना देगा मुझे क्या जबाव, कैसे कहूं
मता-ए-शौक से खाली है मदरिसा 'ताबां'
जुनूं के दर्स को दर्से-किताब कैसे कहूं

समझाए चले जाते हैं।

यकीं को वहम, हकीकत को ख्वाब कैसे कहूं

इस यथार्थ को सपना कैसे कहें? मगर यह सपना है, क्योंकि एक दिन नहीं था और एक दिन फिर नहीं हो जाएगा। सपने का और क्या अर्थ होता है? कहो या न कहो। सपने का अर्थ होता है—जो अभी है, अभी नहीं है; अभी नहीं था, फिर नहीं हो जाएगा। लेकिन समझाना चाहो अपने को तो समझा सकते हो।

यकीं को वहम, हकीकत को ख्वाब कैसे कहूं
जश्ने-शौक को मौजे-सराब कैसे कहूं

यह आकांक्षाओं के संसार को मृग-मरीचिका कैसे कहूं? यह इतना प्यारा संसार, ये इतने प्यारे सपने, ये इतनी प्यारी आकांक्षाएं, ये इतने मीठे-मीठे खयाल!

जश्ने-शौक को मौजे-सराब कैसे कहूं
यकीं को वहम, हकीकत को ख्वाब कैसे कहूं
हजार कुर्बतें जिसमें हों, ऐसी दूरी को
गुरेज कैसे कहूं, इज्तिनाब कैसे कहूं

कैसे कहूं विरक्ति, कैसे कहूं पलायन?

खिले हुए हों जहां सौ चमन जराहत के
वो मेरा दिल ही सही, मैं खराब कैसे कहूं
हजार निस्बतें पिन्हां सही, मगर फिर भी

तेरी जफा को तिरा इज्तिराब कैसे कहूं
मिरा बुजूद मुजस्सम सवाल है लेकिन
मेरा अस्तित्व एक साकार प्रश्न है।
मिरा बुजूद मुजस्सम सवाल है लेकिन
जमाना देगा मुझे क्या जबाव, कैसे कहूं
मता-ए-शौक से खाली है मदरिसा 'ताबां'
प्रेमरूपी पूंजी से यह पाठशाला तो खाली है।
मता-ए-शौक से खाली है मदरिसा 'ताबां'
जुनूं के दर्स को...
उन्माद को, पागलपन को...
जुनूं के दर्स को दर्से-किताब कैसे कहूं
पुस्तक का पाठ कैसे कहूं?

बस यूं अपने को समझाता रहता है आदमी। जो अपने को यूं समझाता रहता है, उसको तो कबीर पागल मालूम पड़ेंगे; उसे बुद्ध तो बुद्धू मालूम पड़े। उसे तो यह दीवाने भटक गए हुए लोग मालूम पड़े। उसे तो जहां धन कमाया जा रहा है, पद कमाया जा रहा है, जहां प्रतिष्ठा कमाई जा रही, वहां ही सारा प्राण अटका हुआ मालूम पड़ता है।

जिंदगी में वहम बहुत हैं। जिंदगी में मृग-मरीचिकाएं बहुत हैं उलझाए रखने को। मौत में तो सब बंद हो जाता है, पूर्णविराम आ जाता है। अब आशाओं को कहां ले जाओ, आकांक्षाओं को कहां दौड़ाओ? अब कैसी दुकान, अब कैसा धन, कैसा पद? अगर जरा सा ध्यान सधा रहा हो तो मृत्यु के क्षण में उसी ध्यान का बांध बंध जाता है, क्योंकि आगे जाने को कोई उपाय न रहा। आगे तो द्वार बंद हो गया। बांध बंध गया। और बांध तो, छोटा सा भी झरना अगर ध्यान का बांध पर आ जाए, तो बड़ी झील बन जाती है। वही झील मुक्ति का कारण हो सकती है, महापरिनिर्वाण बन सकती है।

आज इतना ही।

2

मुहूर्त ज्वलितं श्रेयः

पहला प्रश्नः भगवान,
महाभारत का यह सूत्र बिलकुल आपके दर्शन से मिलता हुआ मालूम पड़ता है—
मुहूर्तं ज्वलितं श्रेयः,
न तु धूमायितं चिरम्।
'मुहूर्त भर जलना श्रेयस्कर है, बहुत समय तक धुआंना नहीं।'
यह कैसे संभव है, यह समझाने की अनुकंपा करें।

स हजानंद,

यह सूत्र निश्चित ही मेरी जीवन-दृष्टि को एक अत्यंत संक्षिप्त संकेत में रूपांतरित कर देता है। जीवन है त्वरा का नाम, तीव्रता का नाम, सघनता का नाम। जैसे कोई धूप की किरणों को इकट्ठा कर ले, एकाग्र कर ले तो तत्क्षण आग प्रज्वलित हो जाती है। वे ही किरणें बिखरकर पड़ती हैं तो सिर्फ कुनकुनापन देती हैं; वे ही इकट्ठी हो जाती हैं तो प्रज्वलित अग्नि पैदा हो जाती है।

जीवन भी दो ढंग से जीया जा सकता है: बिखरा-बिखरा, खंड-खंड, थोड़ा-थोड़ा, हिसाब-किताब से, गणित के ढंग और रवैए से; और जीवन यूं भी जीया जा सकता है—सघनता से, प्रगाढ़ता से। या तो न्यूनतम ढंग से कोई जीए और या परिपूर्णतम ढंग से। जैसे सौ डिग्री पर पानी वाष्पीभूत हो जाता है, ऐसी ही जीवन की भी एक सघनता है, जहां अहंकार वाष्पीभूत हो जाता है; जहां मैं और तू का मिलन हो जाता है; जहां बूंद सागर में समा जाती है या सागर बूंद में समा जाता है।

लेकिन जो कुनकुने-कुनकुने जीते हैं उन्हें कभी इस बात का पता नहीं चलता। वे जान ही नहीं पाते जीवन के नृत्य को, जीवन के उत्सव को; उनकी जीवन की बगिया में कभी वसंत नहीं आता, फूल नहीं खिलते, पक्षी गीत नहीं गाते। वे ऐसे जीते हैं जैसे न भी जीते तो भी चलता। मरे-मरे जीते हैं।

और कारण है उनका हिसाबी-किताबी, व्यवसायी मन। सोच-सोचकर कदम रखते हैं, फूंक-फूंककर चलते हैं; बचाव की ज्यादा फिक्र है, जीने की कम; सुरक्षा की ज्यादा चिंता है, अनुभव की कम।

सूफी कहानी है। एक सम्राट ने महल बनाया और उसमें एक ही द्वार रखा; न कोई और खिड़की, न कोई और द्वार। क्योंकि कहीं खिड़की से कोई चोर, कोई हत्यारा, किसी द्वार से कोई दुश्मन प्रवेश कर जाए। और उस महल में वह अकेला ही रहता। अपनी पत्नी को भी उस महल में प्रविष्ट नहीं होने देता था। क्या भरोसा, किसका भरोसा? इस जगत में कौन अपना है? ऐसी बड़ी ज्ञान की बातें भी करता था, लेकिन सारी ज्ञान की बातों के पीछे था भय—मृत्यु को भय। जैसे कि सब तरह से सुरक्षित हो जाओगे, न दुश्मन आ सकेगा...मित्र ही न आ सकेगा तो शत्रु को आने की तो क्या संभावना रह जाएगी? पत्नी ही न आ सकेगी, बच्चे ही न आ सकेंगे। तो क्या तुम सोचते हो मौत न आ सकेगी? मौत तो फिर भी आएगी ही आएगी। वह तो उसी दिन आ गई जिस दिन जन्म हुआ। अब उसकी क्या चिंता? वह तो उसी दिन घट गई जिस दिन पहली सांस ली। पहली सांस और आखिरी सांस में कुछ भेद नहीं। पहली ले ली तो आखिरी भी ले ही ली।

लेकिन सोच-विचार से चलने वाला आदमी था। एक दरवाजा रखा, वह भी बड़ा संकरा। बस अकेला आ सके भीतर और जा सके। और उस दरवाजे पर उसने पहरों पर पहरे बिठाए। सात पंक्तियां थीं पहरेदारों की, क्योंकि हो सकता है एक पहरेदार धोखा दे जाए; सो जाए, न दे धोखा; इधर-उधर चला जाए। तो दूसरा पहरेदार था उस पर नजर रखने को। मगर दूसरे का भी क्या भरोसा; दोनों मिल जाएं, सांठ-गांठ हो जाए, साजिश हो जाए। तो तीसरा पहरेदार था। यूं सात पंक्तियां थीं, पहरे पर पहरा था।

पड़ोसी सम्राट उसका महल देखने आया। जब उसे खबर मिली तो स्वभावतः उसको भी उत्सुकता जगी। सुरक्षा तो ऐसी ही होनी चाहिए। आया, देखकर बहुत प्रभावित हुआ और कहा मैं भी ऐसा ही महल बनवाता हूं। और जब अपने पड़ोसी सम्राट को विदा करने इस महल का मालिक द्वार पर आया, उसे रथ में बिठा रहा था और वह पड़ोसी सम्राट प्रशंसा किए जा रहा था उसके महल की, ऐसी सुरक्षा उसने कभी देखी न थी—तभी सड़क के किनारे बैठा एक भिखारी जोर से हंसने लगा। दोनों ने चौंककर उसकी तरफ देखा और कहा—तुम क्यों हंसे?

उसने कहा, कभी मैं भी सम्राट था और कभी मैंने भी सुरक्षा के सारे आयोजन किए थे, सब व्यर्थ हो गए। और मैं तुमसे एक बात कहूं कि अगर तुम सच में ही सुरक्षा चाहते हो, पूरी सुरक्षा कि रंच मात्र भी भय न रह जाए, तो तुम महल के भीतर बंद हो जाओ और यह दरवाजा भी बाहर से चुनवा दो। फिर कोई भी भीतर न आ सकेगा। अभी तो हवा का झोंका आ जाता है, मौत इसी पर सवार होकर आ जाएगी। अभी तो सूरज की किरणें आ जाती हैं, मौत उन पर ही सवार होकर आ जाएगी। इतना और कर लो। मैं इसलिए हंसा कि तुमने सब इंतजाम तो किया, लेकिन मौत इसी दरवाजे से आ जाएगी।

वह सम्राट बोला, अगर इस दरवाजे को भी चुनवा दूं, पागल है तू, तो फिर मैं तो ज़िंदा रहते ही मर गया। यह तो कब्र हो जाएगी।

वह फकीर और भी खिलखिलाकर हंसा। उसने कहा—कब्र तो यह हो ही गई, इसमें बचा क्या है? बस, एक दरवाजा। एक दरवाजा होने से कहीं कब्र निवास बनती है? निन्यानबे प्रतिशत तो क़ब्र हो ही गई; एक प्रतिशत बची है, उसको भी क्यों बचाते हो? और अगर इतनी तुम्हें समझ है तो और दरवाजे भी खोलो, और खिड़कियां भी खोलो; क्योंकि जितने दरवाजे होंगे, जितनी खिड़कियां होंगी, उतना जीवन होगा।

असुरक्षा में जीओ तो ही जी सकते हो। भय तो जीने नहीं देता। और भय ही हिसाब लगवाता रहता है। तो लोग इस चिंता में ज्यादा होते हैं कि ज्यादा कैसे जीएं। ज्यादा से उनका अर्थ होता है लंबाई, गहराई नहीं। और असली में ज्यादा से अर्थ होना चाहिए—गहराई।

समय के दो आयाम हैं—एक लंबाई और एक गहराई। लंबाई यूं समझो कि अ से ब, ब से स, ऐसी पंक्तिबद्ध यात्रा। और गहराई यूं समझो कि अ से और गहरा अ। अ—एक, अ—दो, अ—तीन, अ—चार। अ में ही डुबकी। ब आता ही नहीं। गहराई अ पर ही समाप्त हो जाती है। इसीलिए तो हमने उसको अक्षर कहा है। अक्षर, मतलब जिसका कभी क्षय न हो। दुनिया की किसी भाषा में वर्णमाला को अक्षर नहीं कहा जाता, सिर्फ हमने अक्षर कहा है। अ पर ही यात्रा पूरी हो गई। बस अ की ही गहराई में जाना, ब तक जाना ही नहीं। ब तो क्षर है, स तो क्षर है।

जीसस का तुमने सूली का चित्र देखा, वह चित्र इसी बात का प्रतीक है। ईसाई तो उस प्रतीक को समझ न पाए। सूली पर जीसस लटके हुए हैं, तो

उनका धड़ तो खंभे पर है और उनके हाथ दूसरे खंभे पर। दो खंभों से ही तो सूली बन जाती है। वस्तुतः सूली का प्रतीक भारत से ही जेरूसलम तक पहुंचा, जीसस ही ले गए। सूली का प्रतीक भारत के प्राचीनतम प्रतीक स्वस्तिक का अंग है। स्वस्तिक का बीच का अंग, उसका आधारभूत हिस्सा। बस एक लकीर खड़ी हुई और एक लकीर आड़ी। आड़ी लकीर समय की लंबाई की सूचक है और खड़ी लकीर समय की गहराई की। या यूं कहो कि आड़ी लकीर है समय और खड़ी लकीर है शाश्वतता—अक्षर।

त्वरा में जीने का अर्थ है—ऐसे जीओ कि गहराई हो कि ऊंचाई हो। गहराई हो प्रशांत महासागर जैसी, ऊंचाई हो गौरीशंकर जैसी। मगर हम यूं जीते हैं कि हमारा जीवन एक सपाट रास्ते की तरह होता है; कोलतार की बनी सीधी सड़क, न कोई ऊंचाई, न कोई निचाई। इस सपाट जीवन में कैसे तो आनंद हो? इस सपाट जीवन में कैसे तो उत्सव हो? इस कोलतार की सड़क पर कैसे तो गुलाब खिलें, कैसे तो बीज फूटें? यह कोलतार की सड़क तो एक अंत से दूसरे अंत तक फैलती चली जाती है एक जैसी। इसमें कुछ भिन्नता भी नहीं, कोई वैविध्य भी नहीं। इसमें कोई आश्चर्य से भर देने वाला अनुभव भी नहीं।

तो मेरा संदेश क्षण में जीने का है—और क्षण में इतनी परिपूर्णता से जीने का है, जैसे कि दूसरा क्षण कभी होगा ही नहीं; जैसे बस यही क्षण है। और सच में यही क्षण है, दूसरे का क्या भरोसा है? आए न आए। बस यही क्षण है। इसको ही त्वरा से जी लो, समग्रता से जी लो। मत कल के लिए स्थगित करो। मत कहो कि कल जीएंगे। मत कहो कि सांझ जीएंगे। सुबह है तो सुबह जीओ। सांझ है तो सांझ जीओ। जो हाथ में मिला है उसको पूरा का पूरा पी लो, उसमें डूब जाओ। आएगा दूसरा क्षण तो उसमें भी डूब लेंगे; नहीं आएगा तो हमारा खोता क्या है? हम इस क्षण को पूरा जी लिए। और एक क्षण को भी जिसने पूरा जी लिया, उसने शाश्वत का स्वाद पा लिया। उस स्वाद को चाहे धर्म कहो, चाहे प्रभु कहो, चाहे सत्य कहो—जो मर्जी हो, जो नाम प्यारा हो वही दे दो।

महाभारत का यह सूत्र सारगर्भित है: मुहूर्तं ज्वलितं श्रेयः।

यूं जलो जैसे कि कोई मशाल को दोनों तरफ से एक साथ जला दे।

मुहूर्तं ज्वलितं श्रेयः।

एक मुहूर्त, मुहूर्त समय का छोटे से छोटा हिस्सा है। सेकंड भी उतना

छोटा नहीं। सेकंड को भी बांटा जा सकता है। इसलिए सेकंड सबसे छोटा हिस्सा नहीं है। मुहूर्त कहते हैं हम क्षण के उस हिस्से को जो फिर अविभाज्य है; फिर जिसको बांटा न जा सके। वह परम अणु, परमाणु, जिसके आगे फिर विभाजन असंभव हो जाता है। उस अविभाज्य मुहूर्त को समग्रता से जी लो।

अब इसमें दो बातें खयाल रख लेने की हैं। एक तो जीवन की समग्रता बड़ी चीज है, जैसे सागर। और मुहूर्त ऐसा छोटा है जैसे बूंद। बूंद में सागर को उतर आने दो। मुहूर्त को ऐसे जीओ, जैसे बस यही सब है। न पीछे कुछ, न आगे कुछ। न पीछे लौटकर देखो, क्योंकि उतने देखने में मुहूर्त विदा हो जाएगा। न आगे झांककर देखो, क्योंकि उतने देखने में मुहूर्त विदा हो जाएगा। खींच लो अपने को अतीत से। खींच लो अपने को भविष्य से। बस यहीं, इसी पल, अभी। और तब तुम्हारे जीवन में पहली दफा सौ डिग्री तापमान पैदा होता है। इतनी सघनता हो जाती है कि आ गया मधुमास, कि खिल उठेगा कमल। सारी ऊर्जा आ गई। नहीं तो सब बिखरा-बिखरा है, खंड-खंड है। कुछ हिस्सा बचपन में रह गया है, कुछ हिस्सा यौवन में रह गया है, कुछ हिस्सा अधेड़ अवस्था में अटका रह गया है, कुछ बुढ़ापे तक चला आया है। कुछ अभी तुम यहां हो, आगे जा चुका है। कुछ शायद मर भी चुका हो और कुछ शायद मृत्यु के पार स्वर्गों की या मोक्षों की तलाश कर रहा हो। ऐसे फैले हुए जी रहे हो। इतने फैल जाओगे तो जीवन विरल हो जाता है। तो स्वभावतः न्यूनतम पर ही जीते हो फिर। फिर चुल्लूभर पानी हो उसमें डूबो भी तो कैसे डूबो!

मुहूर्तं ज्वलितं श्रेयः।
श्रेयस्कर है एक मुहूर्त में भभककर जल उठना।
न तु धूमायितं चिरम्।

ऐसे धुआं-धुआं होते रहो न मालूम अनंतकाल तक, चिरकाल तक क्या सार है? धुआं-धुआं ही होते रहो, खुद की भी आंखें आंसुओं से भरेंगी और दूसरों की आंखें भी आंसुओं से भर जाएंगी। और रोशनी तो होगी नहीं। सच तो यह है कि अगर धुआं न हो तो अंधेरा भी बेहतर। और धुआं ही धुआं हो तो अंधेरा और बदतर हो जाता है। चले थे रोशनी की तलाश में, अंधेरे को और विक्षिप्त कर लिया। धुआं-धुआं हो गया। लेकिन लोग धुआं-धुआं ही जी रहे हैं।

इस धुंधुआती जिंदगी में कैसे तुम समझोगे कि अमृत भी छिपा है,

आनंद भी छिपा है, मोक्ष भी छिपा है। नहीं भरोसा आता। नहीं भरोसा आ सकता है। जीवन कोई प्रमाण तो देता ही नहीं। कहते होंगे बुद्ध और कहते होंगे महावीर और कहते होंगे कृष्ण और क्राइस्ट और मोहम्मद, तो कहने दो। ये दो-चार सिरफिरों के कहने से कुछ होने वाला है? अपनी जिंदगी का अनुभव ही असली प्रमाण है। और अपने चारों तरफ जो हजारों-लाखों लोगों की भीड़ है, करोड़ों की भीड़ है, इसका प्रमाण। ये दो-चार सिरफिरे कहते हैं कि परम आनंद है, दुख निरोध है, हजार-हजार सूरज उगते हैं, हजार-हजार कमल खिल जाते हैं, शाश्वतता मिलती है, अमृत की झड़ी लगती है। पागल हैं, कल्पनाप्रवण हैं। कवि होंगे। सपने देखते होंगे।

और यूं नहीं कि साधारण आदमी ऐसा कहता है, बड़े विचारशील लोग, जैसे सिग्मंड फ्रायड जैसे मनोवैज्ञानिक भी यही कहते हैं कि इन झक्कियों की बातों में न पड़ना, इनकी बातें बस मन के भुलावे हैं। बुद्ध और महावीर कहते हैं कि जगत मृग-मरीचिका और सिग्मंड फ्रायड कहते हैं कि ये दो-चार सिरफिरे होंगे मृग-मरीचिका में। यह करोड़ों-करोड़ों लोगों का अनुभव यही वास्तविक अनुभव है, यही हकीकत है। और यह मंसूर जिस हकीकत की बात करता है, कहता है अनलहक, कि मैं हूं वह हकीकत—सिर्फ सपनों में भटक गया है, आत्म-सम्मोहित हो गया है। यह करोड़ों लोगों का अनुभव, यह सही होना चाहिए।

इसलिए भला तुम बुद्ध की मूर्ति पूजते हो और सुबह उठकर कुरान पढ़ते हो या कि चर्च जाते हो, कुछ फर्क नहीं पड़ता, तुम्हें भरोसा नहीं आता। तुम्हारी जिंदगी में प्रमाण नहीं। तुम्हारी जिंदगी में धुआं ही धुआं। और कृष्णमूर्ति कहते हैं: धूम्ररहित शिखा, स्मोकलेस फ्लेम। धूम्ररहित शिखा! वह तो तुमने कभी जानी नहीं। धुएं सहित भी शिखा नहीं जानी, बस धुआं ही धुआं उठता रहता है। गीली लकड़ी जलाओ तो धुआं उठता है। जितनी गीली उतना धुआं उठता है। खयाल रखना, धुआं अग्नि का हिस्सा नहीं है। आमतौर से लोग यही सोचते हैं कि धुआं उठता है अग्नि से। अग्नि से नहीं उठता। अगर लकड़ी बिलकुल सूखी हो, उसमें जरा भी पानी न हो, जरा भी आर्द्रता न हो तो धुआं नहीं उठता। धुआं उठता है लकड़ी में पानी के कारण—गीली लकड़ी।

बुद्ध ने ठीक कहा है कि जब तक तुम्हारा मन वासना से गीला है तब तक धुआं उठेगा। जिस दिन तुम वासना से मुक्त हुए, इच्छा से मुक्त हुए,

कल्पना से मुक्त हुए, यह आपाधापी गई मन की; सूख गए, सूखे काष्ठवत हो गए—उस दिन शिखा ही उठेगी—प्रज्वलित शिखा, धूम्ररहित। और वही प्रज्वलित शिखा जीवन का परम धन है, परम अनुभव है।

तुमने एक बात खयाल की, पानी सदा नीचे की तरफ बहता है और अग्नि सदा ऊपर की तरफ उठती है। वह उनका स्वभाव। एस धम्मो सनंतनो। यह उनका धर्म है। पानी नीचे की तरफ बहता है। अपने आप तुमने कभी पानी को ऊपर चढ़ते देखा? चढ़ाना हो तो बड़ी मेहनत करनी पड़ती है, श्रम करना पड़ता है। बिना श्रम के नहीं चढ़ता। चाहे नल चलाओ, चाहे कुएं से पानी भरो और पहाड़ी पर पानी चढ़ाना हो तो और मुश्किल हो जाती है। पानी नीचे की तरफ बिना श्रम के बहता है। पहाड़ों से उतर आती है गंगा, किसी को कोई मेहनत नहीं करनी पड़ती। चढ़ाओ तो गंगा को पहाड़ पर, बड़ी मुश्किल हो जाएगी।

एडीसन बहुत बड़ा वैज्ञानिक हुआ। उसने एक हजार आविष्कार किए, संभवतः किसी दूसरे आदमी ने इतने आविष्कार नहीं किए। लेकिन लोग बड़े हैरान थे कि जब भी उसके घर में जाते थे, उसका दरवाजा खोलते थे बगीचे का, तो बड़ा भारी। आखिर उसके एक मित्र ने कहा कि एडीसन, तुमने इतने आविष्कार किए, कम से कम इतना तो करो कि कुछ ढंग के स्प्रिंग बनाओ। यह कहां का तुमने बाबा आदम के जमाने का दरवाजा लगा रखा है! इसको खोलने में इतनी मेहनत होती है।

एडीसन हंसने लगा। उसने कहा कि उस मेहनत का कारण है। एक बार कोई दरवाजा खोलता है तो मेरी टंकी में पानी भर जाता है। कौन पंचायत करे भरने की। दिनभर लोग आते-जाते रहते हैं, वे पानी भरते रहते हैं टंकी में। वह दरवाजा जो है, ऐसा नहीं कि उसके स्प्रिंग खराब हैं या कोई और बात है, तुम्हें पता नहीं कि एक बार तुमने दरवाजा खोला कि मेरी पूरी टंकी पानी से भर गई। वह उसका आविष्कार था।

पानी ऊपर चढ़ाना हो तो श्रम तो हो जाएगा। और आग को नीचे ले जाना बहुत मुश्किल है। जलती हुई मशाल को तुम उलटा भी कर दो, तो भी आग ऊपर की तरफ ही भागेगी। आग की लपट को नीचे की तरफ ले जाना बहुत मुश्किल है। उसके लिए फिर श्रम करना पड़ेगा, आयोजन करना पड़ेगा। इन दोनों की प्रक्रिया अलग, स्वभाव अलग, प्रकृति अलग। और लकड़ी में दोनों छिपे हैं। लकड़ी में जल भी है और आग भी है। शायद आग

के कारण ही वृक्ष ऊपर उठ पाता है और जल के कारण ही उसकी जड़ें जमीन में गहरे पहुंच पाती हैं। तो वृक्ष में दोनों का तालमेल है। आग उसे ऊपर की तरफ उठाती है। वे जो फूल खिलते हैं, आग के कारण खिलते हैं। इसलिए तो जब कभी जंगल में पलाश के फूल खिल जाते हैं तो यूं लगता है जैसे पूरे जंगल में आग लग गई। पलाश के फूलों की जब पंक्तिबद्ध खिलावट होती है, जब पूरा जंगल पलाश के फूलों से भर जाता है, फूल ही फूल! और पलाश क्या फूलता है, कोई दूसरा वैसा फूलना जानता नहीं। सब पत्ते झर जाते हैं, फूल ही रह जाते हैं—तो सारा जंगल यूं लगता है कि आग पकड़ गया; लपटें उठ रही हैं।

फूल आग का हिस्सा है। इसलिए बिना सूरज के फूल नहीं खिल सकेगा। तुम फूल वाले पौधे को भी अगर ऐसी जगह लगा दो जहां सूरज न आता हो, तो पत्ते तो लग जाएंगे, लेकिन फूल न खिल पाएंगे। या भूल-चूक से कुछ थोड़ी किरणें पहुंच भी जाती हों तो यूं मुर्झाए-मुर्झाए फूल खिलेंगे। इसलिए तो कमरे के भीतर तुम गुलाब नहीं उगा सकते हो। सूरज चाहिए। फूल में सूरज ही छिपा है। और जड़ें पानी की तलाश कर रही हैं, गहरी जा रही हैं।

वैज्ञानिक बहुत चकित हुए हैं यह बात जानकर कि जड़ों को कुछ संवेदनशीलता है कि पानी कहां है। जिस तरफ पानी है, जड़ें उसी तरफ जाती हैं। इसलिए जो बहुत संवेदनशील लोग हैं, वे तो एक गीली टहनी को वृक्ष की, हाथ में लेकर और चलते हैं और पता लगा लेते हैं कि पानी जमीन में कहां है। वह जो गीली टहनी है, वह तत्क्षण खबर दे देती है। मगर उसके लिए बहुत संवेदनशील लोग चाहिए। जो जल के खोजी होते हैं, जो जमीन में जल खोजने का काम ही करते हैं, वे एक गीली टहनी को, तत्क्षण तोड़ी गई वृक्ष की टहनी को हाथ में ले लेते हैं और उसको बिलकुल आहिस्ता से पकड़ते हैं कि उस पर कोई जोर न पड़े और उसको पकड़कर चलते जाते हैं। जहां वह टहनी झटका दे देती है, खबर दे देती है उनके हाथ को, उनका संवेदनशील हाथ फौरन उस झटके को पहचान लेता है। टहनी कह रही है कि यहां जल है। टहनी के भीतर छिपा हुआ जल जल की भाषा को पहचानता है। वह नीचे, जमीन के नीचे, हो सकता है पचास फीट नीचे जल हो, मगर पचास फीट जमीन की पर्तों को पार करके जल जल की भाषा पहचान लेता है। तत्क्षण टहनी खबर दे देती है कि यहां जल है। ठिठक जाता है जल का

खोजी। और सौ प्रतिशत सही साबित होते हैं जल के खोजी। रेगिस्तानों में भी खोज लेते हैं; जहां कि दो सौ फीट तीन सौ फीट गहरा पानी होगा वहां भी वृक्ष को कुछ अपनी अंतर-अनुभूति है।

एक वैज्ञानिक इसकी तलाश में लगा हुआ था, हैरान हुआ जानकर कि बड़ के एक वृक्ष ने और कहीं पानी न था, तो अपनी जड़ों को सड़क के उस पार पहुंचाया जहां से म्युनिस्पिल कमेटी का पाइप निकलता था। पाइप! वह तो बंद है। वह तो सीमेंट का पाइप है, उसके भीतर जल जा रहा है। लेकिन बड़ के वृक्ष को कहीं भीतरी कोई सूझ-बूझ है। कोई भीतरी प्रज्ञा है। जब वृक्ष खोदा गया तो किसी तरफ उसकी जड़ें नहीं गई थीं, सारी जड़ें पाइप की तरफ गई थीं और उन्होंने जाकर पाइप को फोड़ लिया था। तो वे पाइप के भीतर प्रविष्ट हो गई थीं और पाइप से पानी ले रही थीं। चूंकि पानी वहां था नहीं और वृक्ष हरा हो रहा था और वृक्ष बड़ा हो रहा था, इसलिए वैज्ञानिक उत्सुक हुए थे कि इसको पानी मिल कहां गया, पानी यहां है नहीं। किसी को सूझा भी न था कि वृक्ष भी होशियार होते हैं कि इसने पाइप खोज लिया म्युनिस्पिल कमेटी का। न केवल खोज लिया, उसको तोड़ भी लिया। कोमल जड़ों ने सीमेंट की पर्तों को तोड़कर उसके भीतर प्रवेश कर लिया है।

जल वृक्ष की जड़ों का हिस्सा है और आग वृक्ष के फूलों का हिस्सा है। आग उसे ऊपर की तरफ ले जाती है, जल उसे नीचे की तरफ ले जाता है। और जब तुम लकड़ी जलाते हो तो उसमें दोनों होते हैं। इसलिए तो अगर दो लकड़ियां सूखी हों तो दोनों के रगड़ने से आग पैदा हो जाती है। सिर्फ रगड़ने से आग पैदा हो जाती है। वह आग पैदा करने का पुराने से पुराना ढंग है। दो लकड़ियों को रगड़ा और आग पैदा हुई। मगर लकड़ियां होनी चाहिए बिलकुल सूखी।

बुद्ध ने कहा है: मनुष्य में भी जब वासना...वासना नीचे की तरफ ले जाती है और प्रार्थना ऊपर की तरफ ले जाती है। या कहो प्रेम। मोह और प्रेम। मोह नीचे की तरफ ले जाता है; वह जलवत है। और प्रेम अग्निवत है; वह ऊपर की तरफ ले जाता है। प्रेम का ही अंतिम परिष्कार प्रार्थना है। और मोह की अंतिम गहराई वासना है। मनुष्य में दोनों हैं—वासना भी है, प्रार्थना भी है। अगर वासनारहित हो जाए मनुष्य तो उसके जीवन में मुहूर्त भर में ऐसी रोशनी प्रगट होती है ऐसी ज्वलंत कि एक मुहूर्त में वह सारे जीवन के सार को पहचान लेता है, सारे जीवन का अर्थ अनुभव में आ जाता है। और

कुछ लोग हैं जो रहते हैं, जीते हैं, सौ-सौ वर्ष जीते हैं, मगर उनके हाथ राख भी नहीं लगती, खाक भी नहीं लगती।

मैं क्षण में जीने का पक्षपाती हूं। मत जीवन को लंबाने की चिंता करो, जीवन को गहराओ।

मुहूर्तं ज्वलितं श्रेयः, न तु धूमायितं चिरम्।

क्या करोगे चिरकाल तक धुआं-धुआं होकर? चिरकाल से धुआं-धुआं ही तो होते रहे हो। अब तो चौंको, अब तो जागो! और तुम्हारे भीतर अग्नि छिपी है; वह सूत्र छिपा है जो तुम्हें उठा दे आकाश की आखिरी ऊंचाइयों तक। तुम्हारे भीतर परमात्मा का गीत छिपा है।

योग प्रीतम की यह कविता—

ऐसा कोई गीत नहीं है, जिसमें तेरा राग नहीं हो
ऐसी कोई प्रीत न,. जिसमें तेरा मदिर सुहाग नहीं हो
इस जीवन की अंधियारी में
पूण चंद्र-से तुम खिल आए
इस जीवन के सूनेपन में
तुमने ये मधुमास जगाए
ऐसा रस बरसाया तुमने, जीवन नई बहार हो गया
ऐसा कोई फूल न, जिसमें तेरा मधुर पराग नहीं हो
ऐसा कोई गीत नहीं है, जिसमें तेरा राग नहीं हो
इस जीवन के हर नर्तन में
तेरी ही प्यारी रुनझुन है
इस जीवन में जो कीर्तन है
बस उसमें तेरी ही धुन है
तुम हो इस जीवन के मधुवन, तुम ही हो प्राणों के गुंजन
बिना तुम्हारे खेला जाए, ऐसा कोई फाग नहीं है
ऐसा कोई गीत नहीं है, जिसमें तेरा राग नहीं हो
ऐसी कोई प्रीत न, जिसमें तेरा मदिर सुहाग नहीं हो
मेरे भावाकुल अंतस में
शोभित है शृंगार तुम्हारा
मेरा यह संन्यास तुम्हारा
मेरा यह संसार तुम्हारा

मेरे मन के वृन्दावन में, निशि-दिन रास रचाते हो तुम
ऐसी कोई लगन नहीं है, जिसमें तेरी आग नहीं हो
तुम हो इस जीवन के मधुवन, तुम ही हो प्राणों के गुंजन
बिना तुम्हारे खेला जाए, ऐसा कोई फाग नहीं है
ऐसा कोई गीत नहीं है, जिसमें तेरा राग नहीं हो

वह तो छिपा पड़ा है तुम्हारे भीतर। चित्त चकमक लागे नहीं! बस जरा चित्त को चकमक लगानी है, जरा सूखा करना है। जरा वासना की आर्द्रता कम करनी है। और फिर तुम एक क्षण में प्रज्वलित हो उठोगे।

ठीक कहता है महाभारत का यह सूत्र। ज्वलित हो उठोगे, प्रज्वलित हो उठोगे। और वही श्रेयस्कर है। नहीं कि बहुत दिन जीए। लोग कैसे-कैसे जी रहे हैं—सड़ रहे हैं और जी रहे हैं! जैसे जीना अपने आप में ही कोई मूल्य है! गल रहे हैं, मर रहे हैं और जी रहे हैं! जैसे जीवन का कोई अपने आप में अर्थ है! तुम इतने दिन तो जी लिए, क्या यह बात भी समझ में नहीं आई कि बस सांस लिए जाने में ही कुछ अर्थ नहीं है? कि रोज भोजन खा लिया, कि रोज भोजन पचा लिया, इसमें ही कुछ अर्थ नहीं है? पचास वर्ष किया यह काम कि सौ वर्ष किया यह काम कि डेढ़ सौ वर्ष किया यह काम, क्या प्रयोजन है?

वैज्ञानिक चिंतित हैं कि आदमी को और कैसे लंबाएं। वैज्ञानिकों के हिसाब से आदमी कम से कम तीन सौ वर्ष तो जी ही सकता है। भगवान न करे कि वे कहीं सफल हो जाएं इस कार्य में। ऐसे ही आदमी परेशान है। सत्तर-अस्सी साल में ही इतना ऊधम मचाता है, इतने उपद्रव करता है, तीन सौ साल जीएगा तो बहुत कठिन हो जाएगा। और वैज्ञानिकों के तो और भी लंबे इरादे हैं। वे तो कहते हैं, तीन सौ साल तो कम से कम जी ही सकता है। कम से कम। सात सौ साल ज्यादा से ज्यादा जी सकता है। कोई उन्हें अड़चन नहीं मालूम पड़ती।

लेकिन करोगे क्या? सड़ते रहोगे। सात सौ साल जीकर करोगे क्या? न मालूम कितनी पीढ़ियां इस बीच पैदा हो जाएंगी। तुम्हारे बच्चों के बच्चों के बच्चों के बच्चे तुम्हें पहचानेंगे भी नहीं। कोई परिचय भी न रह जाएगा। और इतने दिन जीने के बाद क्या यही खेल फिर भी सार्थक मालूम होंगे? यही राजनीति, यही खिलौने, यही धन, यही पद-प्रतिष्ठा, इसमें कुछ रस मालूम होगा? सत्तर साल में तो आदमी किसी तरह भरमाए रखता है अपने को।

भरमाए-भरमाए ही दिन बीत जाते हैं, रात आ जाती है। झूले से लेकर कब्र तक ज्यादा देर नहीं लगती। मगर सात सौ साल तो बहुत कठिन हो जाएगा।

वैज्ञानिक सात सौ साल की बात कर रहे हैं। और जिन देशों में उम्र अस्सी साल के औसत को पार कर गई है, वहां बूढ़े आत्ममरण की मांग कर रहे हैं; आत्मघात का जन्मसिद्ध अधिकार होना चाहिए। और मैं भी समझता हूं, उनकी बात में अर्थ है। और आज नहीं कल, दुनिया के विधानों में इसको जोड़ना ही पड़ेगा, क्योंकि आज रूस में ऐसे सैकड़ों बूढ़े हैं जिनकी उम्र डेढ़ सौ वर्ष के करीब पहुंच गई है—जो अब मरना चाहते हैं। मगर कैसे मरें? मरना गैर-कानूनी है। और उससे भी बुरी हालत अमरीका में है।

अमरीका में ऐसे हजारों लोग हैं जो अस्पतालों में पड़े हैं, बिस्तरों पर पड़े हैं। न उठ सकते हैं, न बैठ सकते हैं; मगर मर भी नहीं सकते। न जी सकते हैं, न मर सकते हैं। कैसी दुविधा! अदालतों में मुकदमे चल रहे हैं, मरना चाहते हैं, लेकिन अदालत आज्ञा नहीं देती, क्योंकि कानून नहीं है कोई। आत्महत्या की आज्ञा कैसे दी जाए? दवाइयों से उनको इंजेक्शन दिए जा रहे हैं, नलियों से भोजन दिया जा रहा है। नलियों से मल-मूत्र निकाला जा रहा है। किसी का हृदय ठीक से नहीं चल रहा है, तो मशीन चला रही है, बैटरी से चल रहा है। किसी की सांस नहीं चल रही है, तो मशीन चला रही है। अब सवाल यह है कि इस मशीन को बंद करना कि नहीं करना? और बंद किया जाए तो वह कानूनी है या गैर-कानूनी? अगर इस मशीन को बंद करते हैं तो हत्या का पाप लगेगा कि नहीं? यह अपराध होगा कि नहीं? कौन बंद करे? डाक्टर बंद करे, बेटे बंद करें, पत्नी बंद करे, कौन बंद करे? कौन झंझट ले? कुछ लोग तो बेहोश हालत में पड़े हैं, उनको होश ही नहीं, इसलिए उनसे पूछने का भी सवाल नहीं है अब। अब उनकी हालत बिलकुल गाजर-मूली जैसी है। आदमी अब उन्हें कहना ठीक भी नहीं है, गोभी के फूल हो गए। गोभी के फूल से भी गए बीते, क्योंकि गोभी के फूल का भी कुछ उपयोग है, कम से कम सब्जी बन सकती है, वे उस काम के भी न रहे। मगर कानून अधिकार नहीं देता मरने का। जरूर यह अधिकार देना पड़ेगा। जैसे और जन्मसिद्ध अधिकार हैं, उन्हीं में यह भी जोड़ना पड़ेगा, अथनाशिया का, आत्मघात का जन्मसिद्ध अधिकार। बड़ा उलटा सा लगेगा देखने में। जन्मसिद्ध जीवन का अधिकार और बात मरने की!

लंबे जीवन का यही परिणाम होने वाला है। गहन जीवन होना चाहिए।

विज्ञान लंबाने की कोशिश करता है और धर्म गहराने की। इसलिए विज्ञान से मैं कहूंगा कि जितने दिन आदमी जीता है, स्वस्थ जीए इसकी फिक्र करो। लंबाने की चिंता में मत पड़ो। परिपूर्ण स्वास्थ्य से जी सके, इसकी चिंता करो। और धर्म इसकी चिंता करे कि यह स्वास्थ्य का उपयोग आदमी जीवन को गहराने में कैसे कर सके।

ध्यान से जीवन गहराया जा सकता है, विज्ञान से स्वस्थ बनाया जा सकता है। विज्ञान के बिना जीवन स्वस्थ नहीं होगा और ध्यान के बिना जीवन गहराई को नहीं पाएगा। विज्ञान बाहर से सहारा दे और ध्यान भीतर से, तो आदमी के जीवन में बड़ी क्रांति घट सकती है। एक-एक मुहूर्त एक-एक शाश्वतता बन सकता है।

मैं तो जीवन को प्रेम करता हूं। मेरे लिए तो जीवन परमात्मा का ही दूसरा नाम है—जीवन, उसके सारे रंगरूपों में। मैं पलायनवादी नहीं हूं। मैं सारे पलायनवादियों का विरोधी हूं। और इसलिए तो पुरानी धर्म की जो जड़ आधारशिलाएं हैं, उनको उखाड़ने में लगा हूं। क्योंकि उन सब में पलायन छिपा हुआ है—भागो, छोड़ो! मैं कहता हूं : जीओ, जागो। भागो मत, छोड़ो मत। जो मिला है अवसर, उसका उपयोग करो।

ऐ काश कि सोजे-गम अश्कों में न ढल जाए
दामन से अगर पोछूं दामन मेरा जल जाए
हमको तो गुलिस्तां के हर गुल से मुहब्बत है
गुलचीं को जो नफरत हो, गुलशन से निकल जाए
हर खार हमारा है, हर फूल हमारा है
हमने ही लहू देकर गुलशन को संवारा है
हम डूबने वालों को, काफी ये सहारा है
साहिल पे तू आ जाना, हर मौज कनारा है
सौ जुल्म किए तुमने, इक आह न की हमने
वो दर्द तुम्हारा था, ये दर्द हमारा है
हम तश्नालबी अपनी दुनिया से छुपा लेंगे
साकी से रुसवाई अब हमको गवारा है
अब उनका हंसीं आंचल किस्मत में नहीं शायद
आंसू भी हमारे हैं, दामन भी हमारा है
खामोश फजाओं में बजने लगी शहनाई

ये तूने सजा दी है या दिल में उतारा है
आंखों में जब अश्कों के तूफान मचलते थे
हमने वो जमाना भी हंस-हंस के गुजारा है
उनके लबे-नाजुक को क्या राज बताएंगे
कुछ तू ही बता ऐ दिल, क्या हाल हमारा है
आंसू भी हमारे हैं दामन भी हमारा है

यहां कांटे भी हमारे हैं, फूल भी हमारे हैं। यहां जिंदगी के दुख भी हमारे हैं सुख भी हमारे हैं। क्योंकि सुखों से ही आदमी नहीं सीखता, दुखों से और भी ज्यादा सीखता है। फूल तो भरमा भी लें, कांटे जगा देते हैं।

हर खार हमारा है, हर फूल हमारा है
हमने ही लहू देकर गुलशन को संवारा है

और यह हमारी ही बगिया है। हम ही इसके मालिक हैं। बस इतनी ही बात घट जाए—

हम डूबने वालों को, काफी ये सहारा है

बस इतना हो जाए—

साहिल पे तू आ जाना, हर मौज कनारा है

फिर कोई चिंता नहीं किनारे की। हम डूब जाएंगे मझधार में, फिर मझधार ही किनारा है। बस तू साहिल पर आ जाना। परमात्मा की झलक भर मिल जाए, साहिल पर सही, फिर मझधार भी किनारा है। उस प्रेमी की थोड़ी सी झलक मिल जाए। और वह झलक कभी भी मिल सकती है, अभी भी मिल सकती है। मगर उसके लिए हमें अपने जीवन को फैलाव से खींचना होगा; एक बिंदु पर थिर कर लेना होगा, हमें अखंड हो जाना होगा, खंड-खंड नहीं। और हमें एक जीवन की पूरी शैली का आविष्कार करना होगा।

यूं समझो कि एक सीधी पंक्ति में जीना, लकीर में जीना, लकीर के फकीर होकर जीना, लीक पर जीना, भीड़ के साथ जीना—संसार है। और गहराई में जीना, अ से ब और ब से स की तरफ नहीं, अ से और गहरे अ की तरफ, और और गहरे अ की तरफ, अक्षर तक पहुंच जाने की डुबकी संन्यास है। मुहूर्त को ही जीवन बना लेना संन्यास है। और कल जीएंगे, परसों जीएंगे—यह आकांक्षा संसार है।

दूसरा प्रश्न : भगवान,
आजकल देश में धर्म के नाम पर जो सांप्रदायिक झगड़े हो रहे हैं,
इनके विषय में आपका क्या कहना है?

एन. आर. बंसल,

इस छोटे से प्रश्न में बहुत सी बातें छिपी हैं। एक-एक बात को अलग-अलग लेना होगा।

पूछा तुमने—'आजकल...।'

अक्सर लोगों को यह भ्रांति है कि ये धर्म के नाम पर जो उपद्रव हो रहे हैं ये आजकल हो रहे हैं। ये सदा से हो रहे हैं। यह भ्रांति कब छूटेगी? ये अनंतकाल से हो रहे हैं। यह कोई आज का कसूर नहीं।

लोग इस तरह समझाने की कोशिश में लगे रहते हैं कि यह कलियुग है। हिंदू कहते हैं यह कलियुग है, यह तो होगा ही। जैसे सतयुग में यह न होता था! सतयुग में हालत और बदतर थी। आज तो कम से कम कोई प्रश्न भी पूछ सकता है, सतयुग में कोई प्रश्न भी नहीं पूछ सकता था। आज तो कम से कम इस पर विचार-विनर्श हो सकता है। आज तो कम से कम मेरे जैसे सिरफिरे लोग बातों को सीधा-सीधा कह भी सकते हैं। सतयुग में यह भी संभव नहीं था। जबानें काट ली जाती थीं, कानों में सीसा पिघलाकर भर दिया जाता था। राम जैसे व्यक्ति ने एक शूद्र के कान में सीसा पिघलवाकर भरवा दिया। क्या उसकी गति हुई, इसका तो पता नहीं, क्योंकि जब सीसा पिघलाकर कान में भरा जाएगा तो कान तो फूट ही जाएंगे, शायद आंखें भी फूट जाएं; क्योंकि कान, आंख, नाक, सब जुड़े हैं। इसीलिए तो एक ही डाक्टर तीनों का काम करता है—नाक, कान, आंख। और कान द्वार हैं मस्तिष्क के। अगर कान फट गए और जलता हुआ सीसा, उबलता हुआ सीसा जब कानों में जाएगा तो खोपड़ी के भीतर तक पहुंच जाएगा। मर ही गया होगा वह गरीब शूद्र। और यह सतयुग की बात! और मर्यादा पुरुषोत्तम राम की कृपा!

धर्म के नाम पर मूर्खताएं सदा से होती रही हैं। फर्क इतना ही पड़ा है कि आज हम सोचने लगे हैं कि वे मूर्खताएं क्यों होती हैं और तब लोग सोचते भी नहीं थे, सहज स्वीकार करते थे। इतना ही फर्क पड़ा है। आदमी थोड़ा सोच-विचारशील हुआ है।

जैन कहते हैं, यह पंचमकाल है, पंचमकाल में तो यह सब होगा ही। तो महावीर के कान में किसने खीले ठोंक दिए थे? वह तो पंचमकाल नहीं था, तीर्थंकर मौजूद थे। और जैन कहते हैं, जहां तीर्थंकर मौजूद होते हैं वहां बारह कोस की परिधि में असमय फूल खिल जाते हैं। जरूर खिल जाते होंगे, लेकिन इस आदमी को जरा भी सूझ न आई, यह कोई बारह कोस की दूरी से थोड़े ही कान में खीले ठोंके होंगे उसने, यह तो बिलकुल पास में खड़े होकर कान में खीले ठोंके होंगे। इसमें कुछ बोध न आया! वृक्षों को बोध आ जाता है, फूल खिल जाते हैं और इस आदमी को कुछ बोध न आया! महावीर को लोगों ने गांव-गांव भगाया, जंगली कुत्ते उनके पीछे लगाए। उनका कसूर क्या था? यह कि वे नग्न थे। और नग्न होना शोभादायक नहीं।

कुछ भेद नहीं पड़ा है। वही सब पागलपन। युधिष्ठिर ने—वे धर्मराज थे—अपनी पत्नी को दांव पर लगा दिया। पहले तो पत्नी को पांच भाइयों ने बांट लिया। यह भी खूब! कलियुग में भी कोई करे तो सजा काटे। इतना तो निश्चित है कि कलियुग में कोई करे तो उसे हम धर्मराज तो नहीं ही कहेंगे। पहले तो पत्नी को बांट लिया, दिन बांट लिए। स्त्री-संपदा बांटी जा सकती है! जैसे जमीन बांटते हैं। कहते हैं न—जर जोरू जमीन, झगड़े के घर तीन। उनको साथ ही जोड़ दिया है; जर और जमीन के साथ जोरू को भी! और जब जर और जमीन के साथ जोड़ा तो फिर बांटने में हर्ज क्या? इस देश में तो हम कहते रहे स्त्री-संपत्ति। तो संपत्ति तो बांटी जा सकती है। पांचों भाइयों ने बराबर-बराबर बांट लिया। घंटे बांट लिए होंगे सात दिन के। एकाध दिन की शायद छुट्टी रखी हो। कोई एतराज न उठा! न एतराज की तो बात छोड़ो, भारत में जिन पांच पुण्य कन्याओं का नाम लिया जाता है उसमें द्रोपदी एक है। गजब हो गया! अगर द्रोपदी कन्या है पांच पतियों के होते हुए, तो जिनके एक ही पति हैं वे तो महाकन्याएं हैं। उनका तो कहना ही क्या! और फिर इस स्त्री को दांव पर लगा दिया।

एक सीमा होती है अमानवीयता की। लेकिन धर्म के नाम पर सब तरह की अमानवीयताएं सदा से चलती रहीं। आखिर किन लोगों ने जीसस को सूली दी थी? आजकल तो नहीं हुआ यह। किन लोगों ने सुकरात को जहर पिलाया था? आजकल तो नहीं हुआ यह। किन लोगों ने अलहिल्लाज मंसूर को मारा? किनने सरमद की गर्दन काटी थी? आजकल तो नहीं हुआ यह। ये तो सब पुरानी कहानियां हैं। ये तो सब अतीत की ही गौरव-गाथाएं हैं।

तो बंसल, ऐसा मत पूछो कि आजकल, क्योंकि उसमें भ्रांति है। शायद तुमने सोचा भी नहीं होगा प्रश्न पूछते समय कि आजकल का इतना अर्थ होगा। लेकिन रोज कोई न कोई मुझसे अब यही पूछता रहता है—आजकल ऐसा क्यों हो रहा है? उसमें यह भ्रांति पड़ी ही हुई है कि पहले ऐसा नहीं होता था। पहले तो स्वर्णयुग था, सब ठीक-ठीक होता था, अब सब गड़बड़ हो गया है। कुछ भी ठीक-ठाक नहीं था। हालतें आज से बदतर थीं। हालांकि प्रश्न पूछने की भी क्षमता नहीं थी।

जिस दिन शूद्र के कानों में राम ने सीसा पिघलवाकर भरवाया, भारत में करोड़ों शूद्र थे—न कोई मोर्चा गया, न कोई हड़ताल हुई, न कोई घिराव हुआ। नहीं तो मर्यादा पुरुषोत्तम का घिराव हो जाना था। कम से कम शूद्र इतना तो कर ही कर सकते थे कि मल-मूत्र की सफाई करना बंद कर देते अयोध्या में। वह भी न हुआ। शूद्रों ने भी स्वीकार किया कि ठीक ही तो बात है, राम कुछ गलत थोड़े ही करेंगे। इसने सुना क्यों? सिर्फ सुना था और वह भी गुजर रहा था यह शूद्र और कोई ब्राह्मण पाठ कर रहा था, और इसने सुन लिया था। कान में इसके चूंकि पड़ गए वेद के शब्द और यह निषेध था; मनु पांच हजार साल पहले निषिद्ध कर गए हैं कि कोई शूद्र वेद को नहीं पढ़ सकता, कोई स्त्री वेद को नहीं पढ़ सकती। क्या गजब का सतयुग था! कैसे स्वर्णयुग थे!

अगर वेद धर्म है तो स्त्री और शूद्रों को धर्म का अधिकार नहीं? अगर वेद में सत्य है तो स्त्री और शूद्रों को सत्य का अधिकार नहीं? और राम जैसा व्यक्ति भी सजा दे! और फिर भी राम की पूजा चल रही है! और फिर भी रामलीला हो रही है! और अभी भी तुम रावण का पुतला जलाते हो! अरे, अब तो कम से कम थोड़ी बदलाहट करो। कुछ नया भी रहेगा, कुछ मजा भी आएगा। रावण का ऐसा कुछ बहुत कसूर नहीं। यूं सीता को चुराकर भी ले गया था तो जितना सदव्यवहार रावण ने सीता के साथ किया उतना सदव्यवहार राम ने और लक्ष्मण ने रावण की बहन शूर्पणखा के साथ नहीं किया।

आखिर शूर्पणखा का कसूर क्या था? यह तो कोई कसूर नहीं कि लक्ष्मण पर उसको प्रेम हो आया, यह कोई कसूर है? अगर यह कसूर है तो यह कसूर तो रामचंद्र जी और लक्ष्मण जी पहले ही कर चुके थे। आखिर इनको भी सीता पर प्रेम ही हो आया था। सीता फूल चुन रह थी बगिया में

और ये दोनों भैया चले जा रहे थे। और वाल्मीकि ने जैसा रस भरा वर्णन किया है, एकदम झूमने लगे, एकदम दीवाने हो गए। और दोनों भाइयों का आ गया था मन। इसलिए तो जब स्वयंवर में देर-दार होने लगी तो लक्ष्मण बीच-बीच में जोश से भर जाएं। वे बड़े भाई की वजह से उनको बैठ जाना पड़े। रामचंद्र जी कहें, बैठ। आज्ञाकारी होने की वजह से और बड़े भाई के रहते कैसे, नहीं तो वे कई दफा खड़े हो-हो जाएं कि मैं अभी धनुष तोड़े देता हूं।

तो अगर राम और लक्ष्मण को प्रेम आ सकता है सीता पर तो कोई कसूर तो नहीं था कि शूर्पणखा को लक्ष्मण पर प्रेम हो आया। यह तो सम्मान ही था। यह तो लक्ष्मण का सम्मान ही था। प्यारा युवक था, सुंदर युवक था। और यह भ्रांति छोड़ देना, जो कि रामलीलाओं ने सारे मुल्क में फैला रखी है कि शूर्पणखा कोई बदशकल स्त्री थी। अतिसुंदर स्त्री थी, राजकुमारी थी। और उसने अगर प्रेम का निवेदन किया तो यह तो बिलकुल शास्त्रीय था, इसकी तो कहीं मनाही नहीं है। और अगर निवेदन किया था और लक्ष्मण को पसंद न था तो लक्ष्मण कह सकते थे—क्षमा करें! सारी! इतना कह देने से काम पूरा हो जाता। नाक वगैरह काटने की क्या जरूरत आ गई? लेकिन उन्होंने आव देखा न ताव और रामचंद्र जी की अध्यक्षता में यह नाक काटने का समारोह संपन्न हुआ।

रावण ने ऐसा कोई अभद्र व्यवहार सीता से नहीं किया। सीता को रावण ने बड़े सम्मान से रखा, उसे छुआ भी नहीं। बलात्कार भी कर सकता था, छुआ भी नहीं। उसे सम्मान से रखा, समादर से रखा, अलग रखा। एक विशेष बगीचे में, सुंदरतम बगीचे में उसे ठहराया। एक मेहमान की तरह। लेकिन बेचारे रावण की तुम हर साल बनाकर प्रतिमा और जलाते हो और राम अभी भी मर्यादा पुरुषोत्तम हैं।

धर्म के नाम पर बहुत जाल चलते रहे हैं। उसमें छोटे-छोटे लोगों के ही हाथ नहीं, उसमें बड़े-बड़े लोगों के भी हाथ हैं। उसमें बड़े न्यस्त स्वार्थ हैं।

इसलिए बंसल, आजकल शब्द की बात न उठाओ। ऐसा सदा होता रहा। धर्म के नाम पर झगड़े निरंतर होते रहे हैं। धर्म के नाम पर ही झगड़े होते रहे हैं। कारण साफ है कि हमारी धर्म के संबंध में एक भ्रांति है। जैसे दीया जलता है तो रोशनी होती है और दीया बुझ जाता है तो रोशनी समाप्त हो जाती है—ऐसे जब कोई बुद्ध, कोई महावीर, कोई लाओत्सु, कोई जीसस जैसा व्यक्ति प्रज्वलित हो उठता है तो रोशनी होती है और जब वह व्यक्ति

विदा हो जाता है तो रोशनी विदा हो जाती है। लेकिन दीया बुझ जाता है और हम अंधेरे की पूजा में लगे रहते हैं। दीए के बुझते ही तो अंधेरा रह जाता है। माना कि वहां दीया था कभी और कभी रोशनी होती थी, मगर अब तो सिर्फ अंधेरा है। जब दीया जलता है तब धर्म होता है और जब अंधेरे की पूजा शुरू होती है तो संप्रदाय होता है। और संप्रदाय लड़ेंगे नहीं तो क्या करेंगे? अंधे लड़ेंगे नहीं तो क्या करेंगे? अंधे एक-दूसरे से टकराएंगे। बिलकुल स्वाभाविक है।

धर्म कभी-कभी प्रगट होता है। जब कोई बुद्ध, जब कोई समाधिस्थ, जब कोई परमज्ञान को उपलब्ध व्यक्ति मौजूद होता है तो धर्म प्रगट होता है। और जैसे ही वह व्यक्ति विदा हुआ कि धर्म पुनः विलुप्त हो जाता है, पुनः खो जाता है। फिर-फिर प्रगट होगा। फिर-फिर दीए जलेंगे और रोशनी आएगी। मगर जब दीए जलेंगे तब रोशनी आएगी। और बीच के काल में तो अंधेरा होता है।

और यह भी मजे की बात है कि जिन्होंने महावीर के जले हुए दीए को पूजा, वह फिर बुद्ध के जले हुए दीए को स्वीकार न करेंगे। लोगों की नजर दीए पर ज्यादा होती है कि दीए की बनावट कैसी है, छोटा है कि बड़ा है, मिट्टी का बना है कि सोने का बना है कि चांदी का बना है। नक्काशी क्या है, सील-मोहर क्या है? रोशनी से किसी को लेना-देना नहीं, कि ज्योति है या नहीं? और ज्योति अगर मिट्टी के दीए में जले तो भी वही है और सोने के दीए में जले तो भी वही है। लेकिन लोगों की नजरें दीयों पर बहुत पड़ जाती हैं; रोशनी तो दिखाई उन्हें पड़ती ही नहीं। वे दीयों को टटोलते रहते हैं।

तो महावीर को मानने वाला, बुद्ध का दीया जलेगा तो भी स्वीकार न करेगा। और बुद्ध को मानने वाला, कबीर का दीया जलेगा तो भी स्वीकार न करेगा। और कबीर का मानने वाला, नानक का दीया जलेगा तो भी स्वीकार नहीं करेगा। उन सबकी नजरें तो अपने दीए पर पड़ गई हैं। रोशनी का तो किसी को हिसाब ही नहीं है। बुझे दीयों से संप्रदाय बनते हैं और जला दीया धर्म होता है।

तो धर्म तो तभी होता है जब सदगुरु जीवित होता है; उसके बाद तो धर्म के नाम पर अधर्म ही रह जाता है। फिर झगड़े-फसाद होंगे, मंदिर-मस्जिद लड़ेंगे, गुरुद्वारे-गिरजे लड़ेंगे। यह बिलकुल स्वाभाविक है। जब तक हम इस दुनिया से संप्रदायों को विदा नहीं करते तब तक ये उपद्रव

जारी रहेंगे। जब तक यह बात हमारे मन में बहुत स्पष्ट रूप से प्रगाढ़ नहीं हो जाती कि धर्म तो कभी-कभी प्रगट होता है, अधिकतर तो धर्म अप्रगट रहता है, अंधेरी रात रहती है और उस अंधेरी रात को अगर हम अंधेरी समझें तो झगड़े अभी कम हो जाएं। अगर हिंदू को समझ में आ जाए कि अब मेरे पास कोई जला हुआ दीया नहीं है, तो झगड़ा क्या है? मुसलमान को समझ में आ जाए मेरे पास कोई जला हुआ दीया नहीं, तो अब झगड़ा क्या है? जहां जला हुआ दीया हो वहां दोनों को जाना चाहिए, क्योंकि रोशनी का सवाल है। और रोशनी तो उसकी है—परमात्मा की है। वह न बुद्ध की है, न महावीर की है, न मोहम्मद की है, न क्राइस्ट की है। वह रोशनी तो परमात्मा की है। वह तो एक ही स्रोत से आती है और एक ही स्रोत में लीन हो जाती है।

मगर हम, बुद्ध तो गुजर जाते हैं, समय की रेत पर बने उनके चरण-चिह्नों को पूजते बैठे रहते हैं। फिर तुम्हारे चरण-चिह्न अलग, उसके चरण-चिह्न अलग; झगड़ा खड़ा हो जाता है किसके चरण-चिह्न सही हैं, कौन सही है?

चरणचिह्न किसी के भी सही नहीं हैं—सब रेत के चरण-चिह्न हैं। और जो निकल चुका है, जिसके चरण-चिह्न बने थे, वह अब मौजूद नहीं है। लेकिन पंडित-पुजारी इन चरण-चिह्नों के पास मंदिर और मस्जिद बनाते हैं, मठाधीश निर्मित होते हैं। शंकराचार्य, अयातुल्ला, पोप, ये चरण-चिह्नों के आसपास खड़े होते हैं और एक विराट धंधा चलता है। उस धंधे में झगड़ा होगा, क्योंकि प्रतिस्पर्धा होगी।

तुम पूछते हो, 'आजकल देश में धर्म के नाम पर जो सांप्रदायिक झगड़े हो रहे हैं, इनके विषय में आपका क्या कहना है?'

ये सदा होते रहे और सदा होते रहेंगे, अगर हम धर्म और संप्रदाय का भेद स्पष्ट नहीं समझ लेते। धर्म है जीवंतता। जब कोई व्यक्ति सांस ले रहा है तो धर्म है और जब सांस जा चुकी, प्राण का पक्षी उड़ चुका, पिंजड़ा पड़ा रह गया तो फिर हम क्या करते हैं? माना कि बहुत प्यारे थे पिता और माना कि बहुत प्यारी थी मां, लेकिन करोगे क्या? जल्दी से अर्थी सजाते हैं, जाकर मरघट पर विदा दे आते हैं। लाश को घर में रखने से क्या होगा? लाश को ढोने से क्या होगा?

और धर्म के नाम पर लाशें रखे हुए लोग बैठे हैं। लाशें सड़ गई हैं, उनसे दुर्गंध उठ रही है। तो कोई उस पर कपूर मल रहा है, कोई लोभान का

धुआं उड़ा रहा है कि किसी तरह लाश की बदबू छिपी रहे, लाश की बदबू प्रगट न हो जाए। इत्र छिड़का जा रहा है। फूलों में लाश दबाई जा रही है, हजार उपाय किए जा रहे हैं। और मजा यह है कि साथ में यह भी झगड़ा चल रहा है कि किसकी लाश ज्यादा जिंदा है; किसकी लाश ज्यादा प्यारी है; किसकी लाश असली है, किसकी नकली है?

जब बुद्ध बोलते हैं तो उनके शब्दों में शून्य का आवास होता है, निर्वाण का रस होता है। जब बुद्ध जा चुके, किताब में लिखे हुए अक्षर तो केवल स्याही हैं। मगर झगड़े इसी स्याही पर होते रहते हैं। जब बुद्ध बोलते हैं तो वहां कहां स्याही! वहां कहां...स्याही का मतलब समझते हो—कालापन। अब तो कई तरह की स्याही होने लगी, मगर पुरानी आदत है तो हम नीली स्याही को भी स्याही कहते हैं, लाल स्याही को भी स्याही कहते हैं। स्याही का मतलब—स्याह। पुराने जमाने में सिर्फ एक ही रंग की स्याही होती थी—काले रंग की। इसलिए स्याह का रंग स्याही का रंग था।

बुद्ध के वचन तो शुभ्र होते हैं। कागज पर आते-आते स्याह हो जाते हैं। अगर बुद्ध को कागज पर ही पढ़ना हो तो कोरे कागज पर पढ़ना, तो शायद पा जाओ तो पा जाओ। मगर स्याही में मत पढ़ना, स्याही में नहीं मिल सकते। और स्याह कागजों पर झगड़े हो रहे हैं।

लेकिन राजनीतिज्ञ को भी लाभ है, धर्म-गुरुओं को भी लाभ है, पंडित-पुरोहितों को, सबको लाभ हैं इन झगड़ों से। झगड़े न हों तो राजनीति नहीं बचती। झगड़े न हों तो नेता नहीं बचता। झगड़े न हों तो पंडित की क्या जरूरत, पुरोहित की क्या जरूरत? झगड़ों में बड़ा न्यस्त स्वार्थ छिपा हुआ है। झगड़ों में कई लोग जी रहे हैं; बिना झगड़ों के मर जाएंगे। इसलिए किसी न किसी तरह झगड़ों को जिलाए रखना पड़ता है। और सबसे बड़े मजे की बात है कि यही लोग झगड़े शांत करवाते हैं। जो लोग झगड़े करवाते हैं वही झगड़े शांत करवाते हैं। झगड़ा इतना भी नहीं हो जाना चाहिए कि बात ही मिट जाए। झगड़ा समाप्त भी नहीं हो जाना चाहिए, नहीं तो खुद ही मिट जाएं। इसलिए बड़े सम्हलकर चलना पड़ता है इन राजनीतिज्ञों को, धर्म-गुरुओं को—थोड़ा-थोड़ा झगड़ा भी चलता रहे, आग सुलगती भी रहे, भभक भी न जाए, धुआं-धुआं होता रहे। ऐसा भी न हो कि धुआं भी मिट जाए, कि लोगों को साफ दिखाई पड़ने लगे, आंखें स्वच्छ हो जाएं, तो भी खतरा है।

ऐसे ही होते रहेंगे
कुछ रोते रहेंगे
कुछ सिर तक चादर ताने
चैन की नींद सोते रहेंगे।
मस्जिद, गिरजाघर, शिवाला
वसीयतनामे हैं
मुल्ला, पंडित, पोप, पुजारियों के नाम
इतिहास गवाह है
मजहब के ठेकेदारों ने इन्हें
आदर्शों के नाम पर
बेच तक डाला है।
एक जानवर की खातिर
इनसान जानवर बन जाता है
ठंडा खून उफन जाता है
सौ दो सौ जानों की क्या चिंता
धर्म रहे, कर्म रहे
आदमी भले ही बेशर्म रहे
बस, आधुनिक ठेकेदार
राजनीतिबाजों की जेबें गर्म रहें,
ये लोग इसी तरह
घृणा के बीज बोते रहेंगे
जब तक नहीं चेतेंगे हम आप
धर्म के नाम पर उपद्रव
ऐसे ही होते रहेंगे

एक चेतना चाहिए। एक बोध चाहिए। हिंदू नहीं चाहिए दुनिया में, मुसलमान नहीं चाहिए, जैन नहीं चाहिए, ईसाई नहीं चाहिए, पारसी नहीं चाहिए। आदमी चाहिए! ये सब पिटी हुई लकीरें हैं और ये पिटी हुई लकीरें तुम्हें उस ज्योति से वंचित रख लेती हैं जो कभी-कभी जलती है। अगर तुम मुक्त हो, कहीं बंधे न हो, तुम्हारे कहीं खूंटे न गड़े हों, तो तुम जल्दी पहचान लो।

बुद्ध पैदा हुए, हिंदुओं ने नहीं पहचाना। नानक पैदा हुए, बौद्धों ने नहीं पहचाना। मोहम्मद पैदा हुए, यहूदियों ने नहीं पहचाना। जीसस पैदा हुए। ये

लोग पैदा होते रहे। लेकिन जो लोग पुराने खूंटों से बंधे थे...किनने सूली दी जीसस को? उन लोगों ने सूली दी जो मूसा को पूजते थे। मूसा कभी जले दीए थे, मगर अब तो ज्योति कब की जा चुकी थी। कोई हजार साल हो चुके थे। जो ज्योति जीसस में जली थी वह वही थी जो मूसा में जली थी। लेकिन मूसा के मानने वालों ने ही जीसस को सूली पर चढ़ा दिया। क्योंकि उनको खतरा लगा, उनके संप्रदाय को खतरा पैदा हो गया।

धर्म को कोई खतरा कभी पैदा नहीं होता। या तो धर्म होता है या नहीं होता; खतरा उसको कभी पैदा नहीं होता। जब तक होता है तब तक खतरा हो नहीं सकता; जब है ही नहीं तो खतरा क्या खाक होगा?

धार बदल दूर हट गई नदिया
बस निर्जन घाट रह गए
पांवों के चक्रों को बांध सके
कब आंगन, देहरी, गवाक्ष
आकुल अंतर के उपचार नहीं
गेरूए वसन या रुद्राक्ष
फिर मंदिर छोड़ गया संन्यासी
फिर खुले कपाट रह गए
वक्ष से लगाया, फिर छोड़ दिया
झुककर फिर तन गई कमान
किस-किस से मन की अब व्यथा कहे
भटकता दिशाओं में बान
सौदा ले लौट गई घर गोरी
अब सूने हाट रह गए
धार बदल दूर हट गई नदिया
बस निर्जन घाट रह गए

गोरी तो कब की जा चुकी! खरीद-फरोख्त हो चुकी। निर्जन हाट रह गए। बस सूने हाट रह गए। नदिया धार बदल कब की दूर हट गई। मगर पूजा जारी है। नदी तो नहीं है, सिर्फ रेत रह गई है, लेकिन पूजा जारी है। हाट तो उजड़ चुका, बस चिह्न रह गए हैं, मगर पूजा जारी है। और इस पूजा के कारण जो नई हाट कहीं भर गई होगी, कहीं नया बाजार उठा होगा, कहीं नई दुकान खुली होगी, कहीं नए—फिर नए शब्दों में सत्य ढले होंगे, फिर कहीं

ध्यान पका होगा, फिर कहीं समाधि के फूल खिले होंगे, फिर कहीं गजरे बिकने आ गए होंगे। वहां तुम नहीं जाते। तुम अपनी पुरानी हाट में ही बैठे हो, जहां अब कुछ भी नहीं। सूनी दुकानें हैं।

फिर मंदिर छोड़ गया संन्यासी
फिर खुले कपाट रह गए

जब तक संन्यासी मंदिर में है, तब तक मंदिर जीवित है और जब संन्यासी चला गया तो खुले कपाट रह गए। अब लाख पटको सिर, अब कुछ काम का नहीं है।

लेकिन क्या कारण है कि लोग जब भी कोई व्यक्ति प्रबुद्धता को उपलब्ध होता है, उसके पास आने में डरते हैं? मुर्दों को पूजते हैं, जीवित से भय खाते हैं। जीवित से भय खाने का कारण और भी है। न्यस्त स्वार्थ तो रोकते ही हैं, लेकिन भीतर का भय भी रोकता है। किसी भी प्रबुद्ध व्यक्ति के साथ खड़े होना खतरे से खाली नहीं; जोखिम का काम है; जुआरी का काम है।

मैं नशे में आके बहक गया
मेरी बात का न मलाल कर
तू भी जिंदगी पे है तानाजन
तू भी जिंदगी से सवाल कर
मैं नशे में आके बहक गया...
मेरा साथ दे न सकोगे तुम
मुझे मेरे हाल पे छोड़ दो
मेरी हर कदम में हैं लग्जिशें
कहां तक चलोगे सम्हाल कर
मैं नशे में आके बहक गया...
कोई जाम आबे-हयात का
मुझे साकिया नहीं चाहिए
मुझे जिंदगी में खिज़्र न दे
मुझे इश्क में बेमिसाल कर
मैं नशे में आके बहक गया...
ये हुदूदे-दैरो-हरम नहीं
ये है मयकदा यहां गम नहीं
यहां रक्स करती है जिंदगी

कभी देख जाम उछालकर
मैं नशे में आके बहक गया...
मैं किरन-किरन की तलाश में
शबे-तार चीर के जाऊंगा
ये गेरू से सुबह को मिलाऊंगा
किसी आफताब को ढालकर
मैं नशे में आके बहक गया...
मेरी बात का न मलाल कर
मैं भी जिंदगी पे हूं तानाजन
तू भी जिंदगी से सवाल कर
मैं नशे में आके बहक गया...

किसी प्रबुद्ध पुरुष के साथ खड़े होना खतरे से खाली नहीं, क्योंकि वह तो नशे में है। वह तो बहका हुआ है। वह तो रामरस पीए खुमारी में डूबा है। उसके तो पैर डगमगा रहे हैं। उसकी तो बात भी नशीली है, मादक है। उसकी तो बात भी क्रांति है, आग है, आग्नेय है।

मेरा साथ दे न सकोगे तुम
मुझे मेरे हाल पे छोड़ दो
मेरी हर कदम में हैं लग्जिशें
कहां तक चलोगे सम्हाल कर
मैं नशे में आके बहक गया

उसके साथ चलना हो तो थोड़ी छाती चाहिए। हिसाबी-किताबी मन बुद्धों के साथ नहीं चल पाता। हां, मूर्तियों के साथ ठीक है। मूर्तियों की पूजा कर लेता है। अर्चना के फूल चढ़ा आता है। धूप-दीप जला लेता है, आरती उतार लेता है। मूर्ति में क्या खतरा है? फिर महावीर की मूर्ति हो कि बुद्ध की, कोई भेद नहीं पड़ता। किसी की भी मूर्ति हो, सिर पटक आता है। क्या बिगाड़ लेगी मूर्ति? औपचारिकता है। लेकिन जिंदा महावीर के पास जाना खतरे से खाली नहीं है।

एक छोटी सी कहानी मैंने महावीर के संबंध में सुनी है। एक युवक महावीर को सुन कर घर आया। स्नान करने बैठा है, उसकी पत्नी उसके शरीर पर मालिश कर रही है, नहाता जाता है, बात हो रही है दोनों में। उसकी पत्नी कहने लगी, सुना कि तुम भी आज महावीर को सुनने गए थे। आश्चर्य

हुआ, क्योंकि कभी तुम गए नहीं, कभी तुमने रस लिया नहीं। पहली ही दफा गए। मैं तो जिस परिवार से आती हूं, वे सब महावीर के भक्त हैं। और मेरे भाई तो इतने डूब गए हैं महावीर की बातों में कि आज नहीं तो कल संन्यस्त हो जाएंगे, दीक्षा ले लेंगे, कभी न कभी दीक्षा ले लेंगे।

उस युवक ने अपनी पत्नी से पूछा, ऐसा वे कब से सोच रहे हैं? दोनों का विवाह हुए भी कोई पांच-छह-सात साल हो गए हैं। तो कहा कि वे तो मेरे विवाह के पहले से ही सोच रहे हैं। क्यों?

तो उस युवक ने खिलखिलाकर हंस दिया और उसने कहा कि कुछ नहीं, पांच-सात साल से जो आदमी सोच रहा है संन्यास लेने की, वह क्या खाक संन्यास लेगा! तेरा भाई भी नामर्द।

बात बिगड़ गई, झगड़ा हो गया। पत्नी भी जोश में आ गई। उसने कहा कि तुमने यह किस तरह क़हा? अपने शब्द वापस ले लो! मेरे भाई संन्यास लेकर रहेंगे। अरे, आज नहीं तो कल, कल नहीं तो परसों, देर-अबेर की बात और है। मगर उनका निश्चय बिलकुल दृढ़ है।

लेकिन पति ने कहा, मैं फिर कहता हूं कि तेरा भाई नामर्द। मैंने तो एक ही बार सुना है—आज पहली बार। लेकिन इतने से मैं इतनी बात समझ गया कि जो आदमी सोच रहा है कि लेंगे संन्यास, वह नामर्द है।

पत्नी ने कहा कि तो तुम बड़े मर्द हो, तो तुम्हीं कुछ करके दिखाओ! जोश में कह गई, उसे पता न था कि बात यूं बिगड़ जाएगी। नग्न ही बैठा युवक स्नान कर रहा था, उठकर खड़ा हो गया। पत्नी ने कहा, कहां जाते हो?

उसने कहा, बात खतम हो गई। पत्नी ने कहा, मैं कुछ समझी नहीं।

वह तो दरवाजा खोलकर बाहर जाने लगा कि नंगे कहां जाते हो?

उसने कहा, बात खतम हो गई। अब नंगा तो होना ही है, तो महावीर के पास जाकर नंगा क्या होना, यहीं से नंगा चला जाता हूं!

पत्नी दौड़ी। घर के लोगों को कहा कि पकड़ो, रोको, इनको क्या हो गया है? बहक गए हैं!

लेकिन उस युवक ने कहा कि अब बात बहुत आगे निकल गई, अब लौट नहीं सकता हूं। उसी दिन महावीर से जाकर उसने दीक्षा ले ली। महावीर भी थोड़े हैरान हुए, क्योंकि और लोग दीक्षा लेने आते थे तो घर से तो कपड़े पहनकर आते ही थे। वहां महावीर के नंगों की जमात थी, वहां कपड़े उतारने में कुछ हर्जा भी न था। लेकिन यह घर से ही नंगा चला आ रहा है! महावीर

ने भी पूछा कि भई, मैंने बहुत लोगों को दीक्षा दी, वे सब कपड़े पहनकर आते हैं; बल्कि सच तो यह है, जो उनके सुंदरतम कपड़े होते हैं वे पहनकर आते हैं, क्योंकि अब आखिरी बार, बस अब एक बार और, फिर तो छूटे। और फिर जब छोड़ ही रहे हैं तो सुंदरतम पहनकर, लोग भी देख लें। तो बिलकुल अपने तगमें इत्यादि लगा कर आते हैं, सुंदरतम वस्त्र पहनकर आते हैं। अगर राजा के बेटे होते हैं...और यह राजा का बेटा था...तो अपना मुकुट भी बांधकर आते हैं, हीरे-जवाहरात के आभूषण पहनकर आते हैं। दिखावा आखिरी कर लें। प्रदर्शन करने की इच्छा तो जाती ही नहीं। तू कैसा आदमी, नंगा ही चला आया!

और उसके पीछे बड़ी भीड़ चली आ रही थी, घर के लोग चले आ रहे, पत्नी रोती चली आ रही कि तुम लौट चलो, मैं अपने शब्द वापस लेती हूं, यह तुम क्या करते हो? कुछ मेरी भी तो सोचो। अरे, यह तो बात ही थी, यूं ही मजाक कर रही थी।

मगर उसने कहा, अब बात बहुत आगे निकल गई। मजाक बहुत हो गई। मैं तो सोच ही रहा था। तू दुखी न हो। मैं तो पक्का ही कर रहा था। मैं तो तेरा धन्यवाद करता हूं कि तूने अवसर दे दिया, नहीं तो मुझे अपनी तरफ से कहना पड़ता। मैं यह सोच ही रहा था कि नहा-धोकर जाऊं और दीक्षा ले लूं और तूने बात उठा दी। तो निर्णय वहीं मैंने घोषणा कर दिया। तू चिंता न कर। तेरे कारण संन्यास नहीं हुआ है; किसी के कारण कहीं संन्यास होता है! मेरे भीतर ही बात उठी है।

ऐसी हिम्मत चाहिए, एन.आर. बंसल, धार्मिक व्यक्ति के साथ होने के लिए। लेकिन सांप्रदायिक होने के लिए तो कोई हिम्मत चाहिए नहीं। संप्रदाय तो भीड़-भाड़ हैं, भेड़ों की जमातें हैं। सिंहों के नहीं लेहड़े! वह जो जागने का साहस रखता है, वह तो भीड़-भाड़, वह जो समूह है करोड़ों का पृथ्वी पर बसा हुआ, उससे उसे हटकर चलना पड़ता है। उसे तो अपनी लकीर खुद खोजनी पड़ती है। उसे तो इस जीवन के गहन बीहड़ वन में अपना मार्ग खुद चलकर बनाना पड़ता है।

किसी बुद्धपुरुष के साथ होना जीवन को जुए की तरह दांव पर लगाना है। यह काम जुआरियों का है। यह काम शराबियों का है। और किसी बुद्धपुरुष के साथ होने के लिए तैयारी चाहिए, कि वह तुम्हारे एक-एक विचार को खंडन करेगा, एक-एक तुम्हारी प्रतिमा को तोड़ेगा, तुम्हारी

एक-एक धारणा को ध्वस्त करेगा। यूं लगेगा कि तुम्हें ज्ञला रहा है, अग्नि में तपा रहा है। आग में खड़े रहने की, चोटें सहने की; सहने ही नहीं, सहकर अनुग्रह भी अनुभव करने की जब क्षमता होती है, तब कोई व्यक्ति धार्मिक होता है। नहीं तो धर्म के नाम पर संप्रदाय चलता है और संप्रदाय तो अंधों की भीड़ है, टकराती रहेगी। सदा टकराती रही है, आगे भी यही होने वाला है, इसमें कुछ भेद नहीं पड़ सकता है।

आज इतना ही।

3

रब्ब दा की पाना

पहला प्रश्न : भगवान,
संत बुल्लेशाह का वचन है—
रब्ब दा की पाना,
एथों पुटिया, ते एथे लाना।
'अर्थात परमात्मा का क्या पाना, यहां से उखाड़ना और वहां लगाना।'
भगवान, क्या इतनी सी ही बात है?

सुरेंद्र सरस्वती,

सरल है बात, यही कठिनाई है। कठिन होती तो कठिन न होती, क्योंकि कठिन बात के लिए तो अहंकार बहुत आतुर होता है। कठिनाई में अहंकार को चुनौती है, आमंत्रण है, बुलावा है। जितनी कठिन हो—असंभव हो तो और भी भला—और आदमी करने की ठान लेता है। गौरीशंकर पर चढ़ेगा। पाने को वहां कुछ भी नहीं, मगर अहंकार अद्वितीय होने का मजा लेना चाहता है। चांद पर जाएगा, कंकड़-पत्थर लाएगा। यहीं कुछ कमी है कंकड़-पत्थरों की? मंगल पर पहुंचेगा, दूर के सितारों पर भी एक दिन जाकर रहेगा; हाथ कुछ भी न लगेगा। पर यह दंभ कि मैं हूं पहला व्यक्ति जो गौरीशंकर पर चढ़ा, कि मैं हूं पहला व्यक्ति जो चांद पर चला! जीवनभर लोग न्योछावर करते थे ऐसी ही मूढ़ताओं पर।

कोई राष्ट्रपति होना चाहता है, कोई प्रधानमंत्री होना चाहता है। हाथ कुछ भी लगता नहीं। लेकिन सत्तर करोड़ के देश में एक ही व्यक्ति हो सकता है राष्ट्रपति। अहंकार को पोषण मिलता है।

इसलिए इस बात को खयाल में रखना : कठिन कठिन नहीं मालूम होता। सरल ही कठिन हो गया है। स्वयं को पाना इतना सरल है, इसीलिए तो बहुत कम लोग उसे पा सके।

तुमने भी बुल्लेशाह के वचन के अनुवाद में जरा सी भूल कर दी। मुझे

तो बुल्लेशाह की भाषा नहीं आती, लेकिन शहनशाहों की जो भाषा है वह मुझे मालूम है। इसलिए मैं तुमसे कहता हूं कि तुमने भूल कर दी।

बुल्लेशाह का वचन है: रब्ब दा की पाना!

परमात्मा का क्या पाना? क्योंकि परमात्मा को तो पाया ही हुआ है। वह तो मिला ही हुआ है। वह तो तुम्हारे भीतर विराजमान ही है। उससे कभी छूटे नहीं। उससे कभी बिछुड़े नहीं। जिससे बिछुड़ न सको उसी का नाम तो परमात्मा है। चाहकर भी जिसे खो न सको, भागकर भी जिससे भाग न सको, उसी का नाम तो परमात्मा है। मछली तो शायद सागर छोड़ भी दे, क्योंकि सागर के बाद और भी कुछ है, बहुत कुछ है; मछुए हैं, मछुओं के जाल हैं; उत्तप्त रेत के तट हैं, चट्टानें हैं। लेकिन आदमी तो परमात्मा के सागर को छोड़कर कहां जाएगा? श्वास है तो उसकी, हृदय की धड़कन है तो उसकी। जीवन अर्थात परमात्मा। जन्मे हो परमात्मा में, जीयोगे परमात्मा में, एक दिन उसी में पिघलोगे और लीन भी हो जाओगे।

मुझसे लोग पूछते हैं, परमात्मा को कहां पाएं? और मैं उनसे पूछना चाहता हूं कि तुमने खोया कहां, खोया कब? खोया हो तो मैं तुम्हें पाने का रास्ता बता दूं। कहां खोया है, तो उस जगह को हम खोज लें। न खोया है, न खो सकते हो और पाने की पूछ रहे हो! मगर अहंकार पाने की भाषा जानता है। सिर्फ एक भाषा उसे आती है—पाना। तो अहंकार पूछता है, परमात्मा को कैसे पाना? और यह अहंकार ही है जिसने परमात्मा को दूर सात आसमानों के पार बिठा रखा है। उतने दूर बिठाओगे तभी अहंकार को रस आता है, कि चलो, बात चलने जैसी है, पाने जैसी है। सिद्ध होना है, संत होना है, महात्मा होना है, मुक्त होना है। निर्वाण पाना है।

बुल्लेशाह यह कह रहे हैं: रब्ब दा की पाना!

कहां की पागलपन की बातों में पड़े हो? क्या पाना परमात्मा को? अरे, उसे पाया ही हुआ है! इतना जानना भर है। इतना पहचानना भर है। परमात्मा यानी आत्म-परिचय, अपनी पहचान। जैसे कोई दर्पण में अपने चेहरे को देखे तो क्या तुम कहोगे कि उसने चेहरा पा लिया? चेहरा तो सदा से था, दर्पण न था तब भी था। अभी दर्पण को गिरा दोगे और चकनाचूर कर दोगे, हजार टुकड़े हो जाएंगे, तो क्या तुम सोचते हो चेहरे के हजार टुकड़े हो जाएंगे? दर्पण चूर-चूर हो जाएगा, चेहरा तो अखंड ही रहेगा। दर्पण खो जाएगा, लेकिन चेहरा तो न खो जाएगा। हालांकि दर्पण ने थोड़ा सा सहारा

दिया, बस इतना सहारा कि जो अपना था उसे दिखला दिया कि अपना है। बस, ध्यान इतना ही करता है। ध्यान दर्पण है।

जब सिकंदर भारत से वापस लौटता था तो एक फकीर ने उसे एक भेंट दी थी। भेंट बड़ी अजीब थी: एक छोटा सा दर्पण। कहानी प्यारी है। सिकंदर ने पूछा कि तुम देखते हो, इतने हाथी, इतने ऊंटों, इतने घोड़ों पर हीरे-जवाहरात, सोने-चांदी को लाद कर मैं ले जा रहा हूं, और तुम भेंट दे रहे हो यह छोटा सा दर्पण! दर्पण की कुछ मेरे देश में कमी है?

वह फकीर हंसने लगा। उसने कहा, यह दर्पण कुछ और ही ढंग का है। इसमें जब तुम देखोगे तो देह की छाया न बनेगी, तुम्हारी छाया बनेगी। असली चेहरा दिखाई पड़ेगा। यह चेहरा नहीं जो आंखों की पकड़ में आ जाता है; वह चेहरा जो आंखों की पकड़ के पार रह जाता है।

सिकंदर ने उस दर्पण में देखा और चकित हुआ, हैरान हुआ, भरोसा न कर सका। देह का तो कोई प्रतिफलन नहीं बना था, लेकिन चेतना की झलक थी, चैतन्य की ज्योति थी, आभा थी।

यह तो कहानी है। यह कहानी इतना ही कह रही है कि उस फकीर ने ध्यान की कोई विधि दी होगी सिकंदर को, बस। ध्यान यानी दर्पण। और दर्पण उससे पहचान करा देता है जो तुम्हारे पास है।

रब्ब दा की पाना!

पाने की बात ही छोड़ दो। पाने की भाषा ही लोभ की भाषा है, महत्वाकांक्षा की भाषा है, पागलपन की भाषा है। मिला ही हुआ है। पहले उसे तो देख लो जो मिला ही हुआ है। क्योंकि जिसने उसे देखा उसने सब पा लिया; उसकी पाने की दौड़ ही गिर गई।

लेकिन इस वचन के आधे हिस्से में तुमसे भूल हो गई।

रब्ब दा की पाना, एथों पुटिया ते एथे लाना।

तुमने अनुवाद किया है—परमात्मा का क्या पाना, यहां से उखाड़ना और वहां लगाना। नहीं, यहीं से उखाड़ना और यहीं लगाना। साफ है—

एथों पुटिया ते एथे लाना।

यहीं से यहीं लाना। यहां और वहां में तो तुमने फासला कर लिया। उतने फासले में भी अहंकार को मजा आ जाता है। वह अज्ञान की भाषा है—यहां से वहां। यहां से यहां, वह ज्ञान की भाषा है। और यह साफ है। मुझे भाषा नहीं आती बुल्लेशाह की, लेकिन तुम भी देख सकते हो—

एथों पुटिया ते एथे लाना।

यहीं बैठा है और यहीं लाना है। न कहीं जाना है, न कहीं से उखाड़ना है, न कहीं लगाना है। यहीं लगा है। बस, विस्मरण हो गया है। स्मरण करना है। खोया नहीं है परमात्मा, सिर्फ याद खो गई है।

हजार कतरा सही, बहरे-बेकरां सा लगे
वो एक दर्द का लम्हा कि जांविदां सा लगे
किसे पड़ी थी कि दश्ते-सराब में आता
मुझे तो शहर के प्यासों का कारवां सा लगे
दिलों पे पड़ने लगे मसलहत के साए से
खुलूसे-शौक भी अब जिन्से-रायगां सा लगे
शिकस्ते-ख्वाब कोई तुर्फा सानिहा भी नहीं
किसी पे गुजरे तो कमबख्त नागहां सा लगे
न जाने गर्दे-सफर है कि आंधियों का गुबार
जिधर निगाह उठाऊं, धुआं-धुआं सा लगे
बसी हुई हैं हवाएं, जुनूं की खुशबू में
फिर आज दामने-तमकीं का इम्तिहां सा लगे
ये और बात है, यारों ने कम-सुखन जाना
मिरा ये हाल कि हर लफ्ज दास्तां सा लगे
अजीब वहम कि हर संगे-आस्तां मुझसे
खफा-खफा सा नजर आए, बदगुमां सा लगे
जराहतों के चमन जैसे खिल उठे 'ताबां'
जमाना अहले-मोहब्बत पे मेहरबां सा लगे
हजार कतरा सही, बहरे-बेकरां सा लगे
वो एक दर्द का लम्हा कि जाविदां सा लगे

एक बूंद की पहचान हो जाए कि सब सागर पहचान में आ गए।

हजार कतरा सही, बहरे-बेकरां सा लगे

यूं तो लगता है एक छोटी सी बूंद—अनुभव की, ज्ञान की उस परम प्यारे को पाने की एक छोटी सी बूंद की प्यास। मगर खोजने चलो तो अथाह सागर मिलता है इसी बूंद में।

वो एक दर्द का लम्हा कि जाविदां सा लगे

और उसे याद करने का, विरह का, उसके प्रेम में जलने का वह एक

छोटा सा क्षण...

वो एक दर्द का लम्हा कि जाविदां सा लगे

लेकिन यूं लगता है जैसे शाश्वतता मिल गई। उसके बिना, उसे बिना पहचाने, तुम अनंत काल तक भी जीओ तो केवल मरते हो, सड़ते हो। उसे पाने की आकांक्षा भी उठ आए, उसे खोजने की जिज्ञासा भी जग आए, पीड़ा उठे, दर्द उठे, विरह की अग्नि जगे, तो एक क्षण भी पर्याप्त है, शाश्वत मालूम होगा। क्योंकि उसी क्षण से द्वार खुल जाता है। उसी बूंद से सागर का द्वार खुल जाता है।

किसे पड़ी थी कि दश्ते-सराब में आता

मुझे तो शहर के प्यासों का कारवां सा लगे

और यह क्या है दुनिया? और यह क्या है भीड़-भाड़? और यह क्या है संसार? प्यासों की कतारों पर कतारें।

प्यासों का कारवां सा लगे

लेकिन प्यासे हैं जरूर, मगर पानी की तलाश नहीं करते। और पानी भीतर भरा है, जल के स्रोत और झरने भीतर हैं। दुनियाभर में खोजते हैं, दौड़ते फिरते हैं—कहां-कहां नहीं दौड़ते! धन में, पद में, प्रतिष्ठा में। कुछ पाते नहीं। जरा भी प्यास मिटती नहीं। जी लेते हैं और मर जाते हैं। कुछ हाथ नहीं, खाली हाथ आते हैं खाली हाथ जाते हैं। थोड़ा गंवाकर ही जाते हैं। क्योंकि बच्चा जब पैदा होता है तो कम से कम मुट्ठी तो बंधी होती है, खाली है तो भी कोई बात नहीं, मगर मुट्ठी बंधी तो होती है। कहते हैं: बंधी तो लाख की और खुली तो खाक की। कम से कम बच्चे की मुट्ठी तो बंद होती है! मरता है आदमी तो वह मुट्ठी भी खुल गई। बंधी थी तो लाख की थी, खुल गई तो खाक की हो गई। कुछ लेकर नहीं आते, कुछ लेकर जाते नहीं। यूं व्यर्थ ही,आपाधापी कर लेते हैं। और बहुत आपाधापी!

न जाने गर्दे-सफर है कि आंधियों का गुबार

पता नहीं इतनी धूल-धवांस।

न जाने गर्दे-सफर है कि आंधियों का गुबार

जिधर निगाह उठाऊं, धुआं-धुआं सा लगे

जरा आंख तो उठाकर देखो, हर आदमी धुंधिया रहा है। किसी की जीवन-ज्योति जल नहीं रही। इस उपद्रव में, जिसे तुम संसार कहते हो, कुंजी जो सारे तालों को खोल दे, सारे द्वारों को खोल दे, तुम अपने साथ लाए हो।

मगर चूंकि साथ लाए हो, इसीलिए भूले बैठे हो। चूंकि जन्म से ही साथ लाए हो, इसलिए स्मरण भी नहीं होता। थोड़ी दूरी चाहिए देखने के लिए। अगर आईने के बिलकुल पास खड़े हो जाओ, आंखें आईने से ही लगा दो, तो आईने में भी कुछ दिखाई न पड़ेगा; आईना भी दीवाल हो जाएगा। थोड़ा फासला चाहिए। और हमारे और परमात्मा के बीच जरा भी फासला नहीं, कोई फासला करने का उपाय नहीं, क्योंकि हम ही परमात्मा हैं। अहं ब्रह्मास्मि! अनलहक! उपनिषद कहते हैं: तत्वमसि! तुम वही हो।

नहीं, सुरेंद्र सरस्वती, अनुवाद ऐसा न करना कि परमात्मा का क्या पाना, यहां से उखाड़ना और वहां लगाना! यहां और वहां में पता नहीं कितना फासला हो जाए। यहां और वहां का ही तो उपद्रव है। यहीं, और कहीं नहीं। एथों पुटिया ते एथे लाना। यहीं है और यहीं लाना है। इसलिए तो धर्म की बात बेबूझ मालूम होती है।

सोचना पड़ता है, कैदे-बामो-दर में क्या न था
वहशतों के घर में क्या है, मेरे घर में क्या न था
फासलों की गर्द ने धुंदला दिए मंजर तमाम
वर्ना हम आवारागर्दों की नजर में क्या न था
चंद यादों के अलावा, चंद जख्मों के सिवा
जिंदगी की शाम में क्या है, सहर में क्या न था
शोरिशें ही शोरिशें थीं, जिंदगी ही जिंदगी
सोचिए तो एक मुश्ते-बालो-पर में क्या न था
छोड़िए भी, अब तलाशो-जुस्तजू से फायदा!
हां कभी वो दिन भी थे दिल के नगर में क्या न था
अक्ल बेचारी दलीलों में उलझकर रह गई
वर्ना 'ताबां' उस निगाहे-मुख्तसर में क्या न था

यह बुद्धि है, यह विचार है, यह तर्क है, जो न मालूम किन झंझटों में उलझकर रह गया है; नहीं तो एक संक्षिप्त सी नजर, एक छोटी सी नजर और सब राज खुल जाएं।

अक्ल बेचारी दलीलों में उलझकर रह गई
वर्ना 'ताबां' उस निगाहे-मुख्तसर में क्या न था

उस संक्षिप्त सी नजर में, देखने का एक ढंग, एक सलीका और सब राज खुल जाते हैं।

फासलों की गर्द ने धुंदला दिए मं तमाम

यह फासले की ही तो धुंध है। यह फासले की ही तो गर्द है—यहां से वहां, और फासला हुआ।

फासलों की गर्द ने धुंदला दिए मंजर तमाम

उसी के कारण तो सभी दृश्य धुंधले हो गए हैं। आंखें धुंधली हो गई हैं तो दृश्य धुंधले हो गए।

वर्ना हम आवारागर्दों की नजर में क्या न था

यूं आवारा गर्द हो गए हैं। यहां से वहां भागे फिर रहे हैं। एक पड़ाव से दूसरे पड़ाव पर भागे फिर रहे हैं। आवारागर्द हो गए हैं।

वर्ना हम आवारागर्दों की नजर में क्या न था

हमारी आंख में तो सब छिपा है। हमारे देखने के ढंग में तो सब छिपा है।

शोरिशें ही शोरिशें थीं...

क्रांति हमारे भीतर है, विप्लव हमारे भीतर है, आग हमारे भीतर है।

शोरिशें ही शोरिशें थीं, जिंदगी ही जिंदगी

और जिंदगी ही जिंदगी तुम्हारे भीतर है। जीवन, और जीवन, और जीवन, अनंत जीवन!

सोचिए तो एक मुश्ते-बालो-पर में क्या न था

एक पक्षी को जब तुम आकाश में उड़ते देखते हो तो कभी सोचा—एक मुट्ठी भर मिट्टी, थोड़े से बाल, थोड़े से पंख, मगर क्या गजब की उड़ान! सारा आकाश उन दो छोटे से पंखों से हार जाता है। यूं तो हम बहुत छोटे हैं—एक मुट्ठी खाक, थोड़े से पंख, थोड़े से बाल। मगर सारा आकाश हमारा हो सकता है। यूं तो हम बूंद हैं, मगर सागर हमारा हो सकता है। उलझ गए हैं लेकिन एक बात में—

अक्ल बेचारी दलीलों में उलझकर रह गई
वर्ना 'ताबां' उस निगाहे-मुख्तसर में क्या न था

जरा आंख को बदलो। यहां से वहां की बात की, कि चक्कर में पड़े। फिर यह रुकेगी कहां? तुम जहां पहुंचोगे वहां होगा—यहां। और परमात्मा होगा वहां। तुम जहां भी जाओगे वहीं उसे नहीं पाओगे। क्योंकि वह कभी यहां होगा नहीं और तुम कभी वहां नहीं हो पाओगे। तुम होओगे आज, परमात्मा होगा कल। और जब भी हाथ में आएगा तो आज आएगा; कल तो किसी के हाथ में आता नहीं। तो पाओगे कैसे? वह तो क्षितिज की तरह दूर

ही रह जाएगा।

इसलिए मैं तुमसे कहता हूं: परमात्मा को बाहर सोचने की दृष्टि ही गलत है। उसे दूर सोचने का भाव ही गलत है। न तो उसे मंदिरों में पूजो, न मस्जिदों में पुकारो, न गिरजों में, न गुरुद्वारों में उसकी तलाश करो। यह जुस्तजू बेकार है। यह खोज व्यर्थ है। अपने भीतर चलो। आंख बंद करो, अपने में डुबकी मारो।

तूफां के बाद बहर-ब-दस्तूर हो गया
टकरा के इक सफीना मगर चूर हो गया
निखरा हुआ है रंग जफाओं का इन दिनों
अब कम-निगाहियों का गिला दूर हो गया
दिल यूं भी बेनियाजे-करम-हाए दोस्त था
खाकर शिकस्त और भी मगरूर हो गया
दस्ते-तलब से दूर न था दामने-करम
लेकिन मैं पासे-वजा से मजबूर हो गया
इक जुंबिशे-निगाह ने मंजर बदल दिया
आलम तमाम हुस्न से मामूर हो गया
'ताबां' इताबे-नाज से दिल का मुआमला!
इक हादिसा फिर आज सरे-तूर हो गया

थोड़ा सा तूफान है, मगर तूफान भी तो सागर का हिस्सा है। तूफान के पहले भी सागर शांत था, तूफान के बाद भी सागर शांत हो जाएगा। यह विचारों का तूफान है हमारी चेतना के सागर में। इसके पहले भी सन्नाटा था, इसके बाद भी सन्नाटा हो जाएगा। विचार के पहले भी ध्यान है, विचार के बाद भी ध्यान है। विचार के पहले भी भगवान है, विचार के बाद भी भगवान है। यह विचार का थोड़ा सा तूफान है, बस इसे बैठ जाने दो।

तूफां के बाद बहर-ब-दस्तूर हो गया

तूफान चला जाता है, सागर फिर पूर्ववत हो जाता है।

तूफां के बाद बहर-ब-दस्तूर हो गया
टकरा के इक सफीना मगर चूर हो गया

लेकिन इस बीच एक सफीना, एक नाव टकराएगी और टूटेगी—वह तुम्हारे अहंकार की नाव है। अगर तुमने उसको बचाया तो तुम परमात्मा से चूकते रहोगे। डूबना सीखना होगा, मिटना सीखना होगा। यह नाव तभी पार

लगेगी जब डूबे। डूबे तो ही पार लगे। जो डूबे वही ऊबरे। अगर डूबने की हिम्मत नहीं है तो कभी उबर भी न सकोगे। मगर अहंकार बचना चाहता है।

दिल यूं भी बेनियाजे-करम-हाए दोस्त था
खाकर शिकस्त और भी मगरूर हो गया

और जितने हारते हो उतना ही अहंकार अकड़ता जाता है, कि चलो कोई बात नहीं, इस बार हारे तो अगली बार जीतेंगे, एक दांव और सही, एक प्रयास और सही।

छोटे-छोटे बच्चों को हम सिखाते हैं कि फिक्र मत करो, अरे, आज हार गए तो कल जीतोगे; इस बार हार गए तो अगली बार जीतोगे। करते रहो हमला। निराश न होओ, हताश न होओ।

और यही चलता रहता है जिंदगी भर। न कभी कोई जीता है यहां, न कभी कोई जीत सकता है। इस संसार में हार के अतिरिक्त और कुछ हाथ लगता नहीं।

हां, जीते कुछ लोग, मगर वे संसार में नहीं जीते, वे स्वयं में जीते। कोई बुद्ध जीता, कोई महावीर जीता, कोई लाओत्सु जीता, कोई जरथुस्त्र जीता, कोई कबीर, कोई नानक—मगर भीतर। यह जीत भीतर घटी, बाहर नहीं। यह साम्राज्य भीतर का है, बाहर का नहीं।

दस्ते-तलब से दूर न था दामने-करम

मांगने वाले हाथ से वह देने वाला दामन बहुत दूर नहीं, जरा भी दूर नहीं, बिलकुल भी दूर नहीं।

दस्ते-तलब से दूर न था दामने-करम

वह कृपा की वर्षा अभी हो जाए, मगर हाथ फैलाने में ही अहंकार को झिझक होती है; मांगने में ही अड़चन आ जाती है।

दस्ते-तलब से दूर न था दामने-करम
लेकिन मैं पासे-वजा से मजबूर हो गया

लेकिन वह अहंकार की पुरानी आदत हाथ फैलाने नहीं देती। वह अकड़े रखती है। बहुत दूर नहीं है, जरा भी दूर नहीं है। तुम हाथ फैलाओ कि अभी मिल जाए। तुम सरल हो जाओ तो अभी मिल जाए। तुम विनम्र हो जाओ तो अभी पा जाओ।

जीसस ने कहा है: 'धन्य हैं वे जो विनम्र हैं, क्योंकि प्रभु का राज्य उनका है।'

और जरा सी बात में सब बदल जाता है।

इक जुंबिशे-निगाह ने मंजर बदल दिया
नजर की हलकी सी थरथराहट!
इक जुंबिशे-निगाह...
इक जुंबिशे-निगाह ने मंजर बदल दिया
सारा दृश्य ही बदल गया।
आलम तमाम हुस्न से मामूर हो गया

सारा संसार उस परमात्मा के सौंदर्य से लबालब हो उठता है। एक जरा सी थरथराहट नजर की, देखने के ढंग का बदल जाना। अभी तुम देखते हो, दूर परमात्मा है—यूं मान कर। जिस दिन यह सोचकर देखोगे कि भीतर है, स्वयं में—बस जरा सी थरथराहट!

'ताबां' इताबे-नाज से दिल का मुआमला!
इक हादिसा फिर आज सरे-तूर हो गया

तूर पर्वत पर हजरत मूसा को परमात्मा का प्रकाश दिखाई पड़ा था। तुम जरा सी नजर बदलो और तुम्हारे भीतर ही तूर पर्वत प्रगट हो जाए और तूर पर्वत का प्रकाश प्रगट हो जाए। वह तूर का पर्वत कहीं बाहर नहीं है।

'ताबां' इताबे-नाज से दिल का मुआमला!
इक हादिसा फिर आज सरे-तूर हो गया

तुम्हारे भीतर ही रोशनी हो जाए—वही रोशनी जो तूर पर्वत पर हुई थी। वह पर्वत कहीं बाहर नहीं है। वह तुम्हारी ही ऊंचाई है, तुम्हारी ही चेतना की ऊंचाई है।

सुरेंद्र सरस्वती, ऐसा मत कहो कि यहां से उखाड़ना वहां लगाना। नहीं, यहीं है, यहीं लगाना, यहीं देखना। इस क्षण में ही सब कुछ है। मैं राजी हूं बुल्लेशाह से। ये बुल्लेशाह उन थोड़े से फकीरों में एक हैं, जिनको सच में ही शाह कहा जाए, शहंशाह कहा जाए। ये बादशाहों में से एक हैं।

ठीक कहते हैं : रब्ब दा की पाना, एथों पुटिया ते एथे लाना।

दूसरा प्रश्न : भगवान,
हरेकृष्ण आंदोलन के एक स्वामी, स्वामी अक्षयानंद महाराज़ ने
कल पूना में अपने एक प्रवचन में आपकी तथा आपके संन्यासियों की आलोचना की है
कि पर-स्त्री संबंध तथा गर्भपात द्वारा हत्या का समर्थन करने वाले आचार्य भगवान नहीं,
प्रथम कोटि के राक्षस हैं।
स्वामी अक्षयानंद महाराज ने यह भी कहा कि सौभाग्य से हमारे शास्त्रों में ऐसा उल्लेख है
कि कलियुग में रावण जैसे लोग होंगे,
जो कि स्वयं को भगवान घोषित करके सीधे-सादे लोगों को मार्गच्युत करेंगे।
अपने प्रवचन में स्वामी अक्षयानंद महाराज ने यह भी कहा
कि भटके हुए विदेशी नागरिक संतों जैसे वस्त्र पहनकर सार्वजनिक स्थलों पर प्रणय आदि का
निर्लज्ज प्रयोग कर रहे हैं।
तथा उन्होंने ऐसे घृणित कार्य के लिए चिंता और आक्रोश प्रगट किया।
भगवान, स्वामी अक्षयानंद महाराज की इस परोक्ष टीका पर आप क्या कहेंगे?

चैतन्य कीर्ति,

पहली तो बात यह कि स्वामी अक्षयानंद महाराज अमरीकी हैं, लेकिन कह रहे हैं कि 'हमारे शास्त्रों में ऐसा उल्लेख है कि कलियुग में रावण जैसे लोग होंगे...।'

हिंदुओं के अहंकार को इससे बड़ी तृप्ति मिलती है, सफेद चमड़ी का कोई आदमी कह दे कि 'हमारे शास्त्र'...हृदय गदगद हो जाता है। एकदम फूल ही फूल खिल जाते हैं, दीए ही दीए जल जाते हैं। काश, मैं भी अपने विदेशी संन्यासियों को यही समझा रहा होता कि इन सड़े-गले शास्त्रों का समर्थन करो, इन लाशों को सिर पर ढोओ, इनका गुणगान करो, स्तुति करो, तो तुम्हें भी पूजा मिलती, तुम्हें भी सम्मान मिलता! भारत तुम्हें सिर-आंखों पर उठा लेता। पलक-पांवड़े बिछ जाते। जगह-जगह वंदनवार बंध जाते। लेकिन तुम पर पत्थर फिकेंगे, तुम्हें गालियां सहनी पड़ेंगी, तुम्हें राक्षस कहा

जाएगा। तुम इस देश के सड़े-गले अहंकार को कोई समर्थन नहीं दे रहे हो।

विवेकानंद के साथ सिर्फ एक अमरीकी महिला निवेदिता आ गई थी, सारे भारत में शोरगुल मच गया था कि भारी काम कर दिया विवेकानंद ने! एक विदेशी महिला को रूपांतरित कर दिया, हिंदू बना दिया। मेरे दो लाख संन्यासी हैं सारी दुनिया में, लेकिन हिंदुओं के अहंकार को या भारतीयों के अहंकार को इससे कोई समर्थन नहीं मिल रहा; यही अड़चन है, यही कठिनाई है।

और जिन शास्त्रों की अक्षयानंद महाराज बात कर रहे हैं, इनको उन शास्त्रों का कुछ पता है? अमरीकी भोंदू, इनको क्या शास्त्रों का पता है? मगर इनके जो गुरु थे भक्तिवेदांत प्रभुपाद, वे चमत्कारी पुरुष थे। उनका चमत्कार यही था कि दुनिया में जहां भी भोंदू थे, मूढ़ थे, उनकी तरफ चुंबक की भांति खिंचते थे। इतनी तो मैं बात स्वीकार करूंगा कि प्रभुपाद में इतना गुण तो था, कि कुछ खूबी थी, कि मूर्ख एकदम उनके आसपास इकट्ठे हो जाते थे। सिर घुटाकर, चुटैयों में गांठें बांधकर हरेकृष्णा-हरेरामा का भजन करने लगते थे, ढोल-मंजीरा पीटने लगते थे। और तोतों की तरह भारतीयों शास्त्रों को दोहराते थे, जिनका उनको न कुछ अर्थ पता है, न जिनका संदर्भ पता है।

अब ये जिन शास्त्रों की बात कर रहे हैं, थोड़ा उन शास्त्रों का खयाल करो। भारत में जिनको भगवान कहा है, उनकी तरफ थोड़ा ध्यान करो। परशुराम को भगवान कहा है। उनका नाम ही परशुराम पड़ा, क्योंकि वह परसा लिए रहते थे, फरसा लिए रहते थे। परस वाले राम। वे हाथ में फरसा लिए रहते थे। वे सबसे पहले सरदार थे। और कहते हैं उन्होंने पृथ्वी को अठारह बार क्षत्रियों से खाली कर दिया था। गजब के ब्राह्मण थे! अठारह बार पृथ्वी से सारे क्षत्रिय उन्होंने मार डाले। और राक्षस मैं! एक क्षत्रिय मैंने मारा नहीं। क्षत्रिय की तो बात ही छोड़ो, एक तिलचट्टा भी नहीं मारा। लेकिन मैं रावण, मैं राक्षस—और परशुराम भगवान, जिन्होंने अठारह बार सारी पृथ्वी को क्षत्रियों से समाप्त कर दिया! हद दर्जे के दुष्ट आदमी रहे होंगे। बाप को शक हो गया उनकी मां पर और परशुराम को उन्होंने आज्ञा दे दी कि जाकर गर्दन काट दे। बाप की आज्ञा कहीं छोड़ सकते थे! परशुराम गए और मां की गर्दन काट दी। यह आदमी भगवान! और हिंसा क्या होती?

और राम तो धनुर्धारी राम हैं ही, वे तो हिंसा का प्रतीक ही लिए हैं!

और लंका में आग लगा दी। लंका को धू-धू कर के जला डाला! और हिंसा मैं करवा रहा हूं! रावण मैं हूं! रामराज्य में आदमी और औरतें बाजारों में गुलामों की तरह बिकते थे, स्त्रियों पर नीलाम लगाए जाते थे, और फिर भी यह सतयुग था! और एक ब्राह्मण का बेटा मर गया तो उस ब्राह्मण ने जाकर राम की अदालत में कहा कि मेरा बेटा मर गया है, जो कि नहीं मरना चाहिए, क्योंकि बाप जिंदा और बेटा मर जाए यह बात ठीक नहीं, कहीं न कहीं कोई अनाचार हो रहा है। तो राम ने कहा कि पता लगाओ कहां अनाचार हो रहा है। पता यह लगा कि उस ब्राह्मण के घर से एक हजार मील दूर एक गांव में एक शूद्र ने वेद का मंत्र सुन लिया था। यह अनाचार हो रहा था! यह अत्याचार हो रहा था, जिसकी वजह से ब्राह्मण का बेटा मरा! वह भी हजार मील दूर मरा। और बीच हजार मील में किसी का बेटा न मरा! स्त्रियां बाजारों में बिक रही थीं, यह पाप न था! आदमी गुलामों की तरह बिक रहे थे, सामानों की तरह बिक रहे थे—यह पाप न था! पूरी लंका को धू-धू कर के जला दिया, यह पाप न था! गर्भवती सीता को राम ने खुद जंगल में फिंकवा दिया, यह पाप न था!

जब रावण के यहां से सीता को बचाकर लौटे तो जो पहले वचन उन्होंने सीता से कहे, अभद्र हैं। पहले वचन उन्होंने कहे कि याद रख ऐ औरत, मैंने तेरे लिए युद्ध नहीं किया है। मैंने युद्ध किया है अपनी कुल-परंपरा के लिए, रघुकुल के लिए। यह कुल की प्रतिष्ठा का सवाल था, इसलिए युद्ध किया है। कोई एक औरत के लिए मैं युद्ध करने नहीं आऊंगा।

और फिर परीक्षा ली उन्होंने सीता की कि अग्नि से गुजरो। अगर सीता की परीक्षा ली थी तो इतना तो न्याययुक्त होना ही चाहिए था कि खुद भी गुजर जाते अग्नि से, क्योंकि खुद भी इतनी देर बिना पत्नी के रहे थे, क्या भरोसा? जब स्त्री का भरोसा नहीं है तो पुरुष का क्या भरोसा? सच तो यह है कि स्त्रियों का ज्यादा भरोसा किया जा सकता है पुरुषों की बजाय। क्योंकि उस समय कोई संतति-निरोध का सामान तो था नहीं। अगर सीता ने कुछ गड़बड़ की होती तो गर्भवती हो जाती। और राम कुछ गड़बड़ करें तो पकड़ में ही नहीं आते। इसलिए तो कहते हैं कि पुरुष बच्चा, उसकी बात अलग। परीक्षा सिर्फ सीता की हुई। यह बड़ी अजीब परीक्षा हुई, खूब न्याय हुआ! ये दोहरे मापदंड हुए।

और अग्नि-परीक्षा लेने के बाद भी सिर्फ एक धोबी ने कह दिया

अपनी स्त्री से कि तू रातभर कहां रही, मैं कोई राम नहीं हूं कि अब तुझे घर में रख लूं। यह किसी जासूस ने खबर दे दी कि एक धोबी ने यह कह दिया है और गर्भवती सीता को फिंकवा दिया। अग्नि-परीक्षा का क्या हुआ? अन्याय की भी कोई हद होती है। एक तो अग्नि-परीक्षा ली अकेली सीता की, खुद न दी और अग्नि-परीक्षा के बाद भी एक धोबी ने एतराज उठा दिया और सीता को यह भी अवसर न दिया कि कम से कम उससे कह देते कि क्यों तुझे जंगल में फिंकवाया जा रहा है। अगर न्याय ही था तो धोबी को बुलाकर, धोबी की बात सुननी थी अदालत में, सीता की भी बात सुननी थी। सीता को भी हक होना था कि अपनी व्यथा कह सकती। लेकिन उसे तो कोई मौका ही नहीं दिया गया। एकतरफा न्याय हो गया। और यह कोई ऐरा-गैरा-नत्थू-खैरा, यह कोई धुब्बड़, इसने निर्णय करवा दिया। स्त्री-जाति का यह सम्मान हो रहा है! नहीं, लेकिन अहंकार की प्रतिष्ठा। और अगर ऐसा ही था तो खुद भी सीता के साथ जंगल चले जाते। लेकिन राजपाट नहीं छोड़ा, पत्नी छोड़ दी। राजपाट क्यों छोड़ें! धन-दौलत क्यों छोड़ें! प्रतिष्ठा क्यों छोड़ें! प्रतिष्ठा पर दाग न लग जाए, इसलिए स्त्री को छोड़ दिया, जंगल में फिंकवा दिया गर्भवती स्त्री को। न लाज, न शर्म, न संकोच। और फिर भी तुम राम को भगवान कहे चले जाओगे! और उस ब्राह्मण के कहने पर कि एक हजार मील दूर एक शूद्र ने वेद सुन लिया, उसके कान में सीसा पिघलवाकर भरवा दिया। फिर भी तुम राम को भगवान कहे चले जाओगे, मर्यादा-पुरुषोत्तम कहे चले जाओगे!

मैंने किसी के कान में सीसा तो पिघलवाकर भरवाया नहीं। वेद के मंत्र जरूर किसी के कान में मैंने डाले होंगे, मगर सीसा तो पिघलवाकर किसी के कान में डाला नहीं। मैं राक्षस हूं! और जिस कृष्ण के ये भक्त हैं स्वामी अक्षयानंद महाराज और इनके मरहूम गुरु, भक्तिवेदांत प्रभुपाद, उन कृष्ण का जीवन तो जरा गौर से देखो, जिन शास्त्रों की ये बातें कर रहे हैं। ये कृष्ण-आंदोलन चलाते हैं, कृष्ण-भक्त हैं ये सब। ये कृष्ण का गुणगान करते हैं, श्रीमद् भागवत दोहराते हैं और गीता का पाठ करते हैं।

कृष्ण के जीवन में जितनी हिंसा है उतनी हिंसा शायद मनुष्य-जाति के जीवन में किसी व्यक्ति के संबंध में उल्लिखित नहीं है। इतिहासज्ञों का अनुमान यह है कि जैसा वर्णन है महाभारत का, अगर सच में वैसा युद्ध हुआ हो, तो उसमें कम से कम एक अरब पच्चीस करोड़ आदमी मरे होंगे,

सवा अरब आदमी। अभी पृथ्वी की कुल संख्या जितनी है उसमें से एक तिहाई आदमी मरे होंगे। अभी भारत की कुल संख्या सत्तर करोड़ है, इससे करीब-करीब दो गुने आदमी उस युद्ध में मरे।

अर्जुन तो बेचारा ढोलक लेकर भजन-कीर्तन करने का विचार करता था। वह तो स्वामी अक्षयानंद हो जाना चाहता था। वह तो अपना ढोलक बजाता, हरेकृष्णा-हरेरामा करता। मगर कृष्ण ने उसे रोक लिया। और कृष्ण ने उसे दलीलें क्या दीं? कृष्ण ने दलील जो दीं, अगर वे सच हैं तो...निश्चित सच होनी चाहिए, क्योंकि यह हरेकृष्ण आंदोलन को मानने वाले लोग कृष्ण-भक्त हैं, अगर उनकी दलीलों पर उनको भरोसा है तो ये किस तरह मुझसे कह सकते हैं कि मैं गर्भपात द्वारा हत्या का समर्थन करवा रहा हूं? क्योंकि कृष्ण तो कहते हैं—न हन्यते हन्यमाने शरीरे। शरीर के मरने से मृत्यु होती ही नहीं। अग्नि में जलाने से आत्मा जलती नहीं। नैनं छिन्दंति शस्त्राणि। न तो शस्त्रों से छेदी जा सकती है। नैनं दहति पावकः। और न आग में डालो तो जलाई जा सकती है। यह तो आत्मा मरती ही नहीं। यह तो दलील दी अर्जुन को कि तू क्या फिक्र करता है, मार, बेफिक्री से मार, कोई मरता नहीं। यह जो तेरे सामने कौरवों की फौज खड़ी है, इसको जी भरकर काट, गाजर-मूली की तरह काट। क्योंकि शरीर ही मरता है, आत्मा तो कभी मरती ही नहीं, आत्मा अमर है।

यह तो बुनियादी दलील है गीता की कि आत्मा मरती नहीं। और अगर सवा अरब आदमियों को मारने से हिंसा नहीं होती तो गर्भपात से कैसे हिंसा हो जाएगी? कृष्ण भगवान हैं! अगर हिंसा के आधार पर सोचते हो, तो तो जैन शास्त्र ठीक कहते हैं। उन्होंने कृष्ण को सातवें नर्क में डाला है। अगर अक्षयानंद में थोड़ी भी बुद्धि हो, जिसका मैं जरा भी भरोसा नहीं कर सकता कि हो सकती है...। ये पंचामृत खाने-पीने वाले लोग, इनमें बुद्धि क्या हो सकती है? पंचामृत का मतलब समझते हो? गोबर, गोमूत्र, दूध, दही, घी—इन पांचों को मिलाकर गटक जाओ तो पंचामृत होता है। यह तो कृष्ण-भक्तों का पुराना आहार, प्रसाद यही है—पंचामृत! यह गोबर गोबर नहीं है।

इस दृष्टि से तो महात्मा गांधी के एक शिष्य थे भंसाली, वे सच्चे कृष्ण-भक्त थे, वे गोबर ही खाते थे। जैसे मोरारजी देसाई स्वमूत्र पीते हैं, वे गोमूत्र से भी आगे जा चुके हैं। अरे, क्या बाहर पर निर्भर रहना! भंसाली

गांधी के बड़े भक्त थे, गांधी के पट शिष्यों में एक थे। वर्धा-आश्रम में उनके जैसा चमत्कारी कोई आदमी नहीं था। वे महीनों तक गोबर ही खाकर रहते थे। और महात्मा गांधी भी उनको मानते थे कि है तो यह तपस्वी! महात्मा गांधी को भी हरा दिया था उन्होंने।

कृष्ण को जैनों ने नर्क में डाला है—इसी कारण कि उन्होंने यह महाहिंसा करवाई। तो पहली तो दलील कृष्ण ने यह दी कि कोई मारने से मरता नहीं। दूसरी दलील यह दी है अर्जुन को—अगर कृष्ण के मानने वाले लोग उनकी दलीलें समझें तो बात बहुत साफ हो जाएगी—दूसरी दलील यह दी है कि परमात्मा जिसको मारना चाहता है वही मरता है। तो अर्जुन, तू तो निमित्त मात्र है। तू थोड़े ही मारने वाला है। मारने वाला तो परमात्मा है। उसने तो पहले ही ये कौरवों को मार डाला है, तू तो सिर्फ निमित्त है, धक्का दे और ये गिर जाएंगे। ये तो मरे ही खड़े हैं। तो अगर परमात्मा ही मारने वाला है और परमात्मा ही जिलाने वाला है, उसके बिना अगर पत्ता भी नहीं हिलता, तो गर्भपात से कोई मृत्यु कैसे हो जाएगी?

और फिर यह भी बड़े मजे की बात है कि मैं गर्भपात नहीं करवा रहा हूं। गर्भपात करवाने वाले लोग महात्मा गांधी, ये कृष्ण आंदोलन के बनाने वाले प्रभुपाद, ये पोप, यह मदर टेरेसा, ये लोग हैं। क्योंकि ये लोग लोगों को संतति-नियमन का उपयोग नहीं करने देते। मैं तो पक्षपाती हूं इसका कि बच्चों को भीतर गर्भ में आने तक की भी कोई जरूरत नहीं, तो गर्भपात का कोई सवाल ही नहीं उठता। गर्भपात तो ये लोग करवा रहे हैं। पहले तो कहेंगे कि जो भी संतति-निग्रह के साधन हैं उनका उपयोग मत करना, क्योंकि उनका उपयोग पाप है। फिर गरीब आदमी बच्चे पैदा कर लेगा या स्त्रियां गर्भवती हो जाएंगी। उन बच्चों को पालने की उसके पास सुविधा नहीं, वह करे क्या? फिर उनका गर्भपात करेगा। और गर्भपात के लिए जिम्मेवार मैं हूं! अगर मेरा वश चले तो दुनिया में एक भी गर्भपात नहीं होगा, क्योंकि मैं तो पूरे विज्ञान का उपयोग करने का समर्थन करता हूं। जब गोली ही लेकर बच्चे को आने से रोका जा सकता है तो बच्चे को पहले लाना और फिर गर्भपात करना, इतना उपद्रव क्यों करना? इसका क्या प्रयोजन?

लेकिन ये महात्मा गांधी तो कहते हैं कि संतति-नियमन का उपयोग मत करना, पोप कहते हैं संतति-नियमन का उपयोग मत करना। अगर बच्चों को रोकना है तो ब्रह्मचर्य से रोको। और महात्मा गांधी भी बच्चे नहीं रोक

सके, पांच बच्चे पैदा किए। और महात्मा गांधी के आश्रम में जहां कि ब्रह्मचर्य का नियम था, वहां रोज ब्रह्मचर्य टूटता था। खुद महात्मा गांधी के प्राइवेट सेक्रेटरी प्यारेलाल ने ब्रह्मचर्य तोड़ दिया, तो उनको आश्रम से निकाला गया। और प्यारेलाल ने ही महात्मा गांधी की सबसे सुंदर ज़ीवनी लिखी; वही उनके अधिकृत जीवन कथा-लेखक हैं।

गर्भपात कौन करवा रहा है? इसका जिम्मेवार मैं हूं? मेरी बात मानी जाए तो गर्भपात दुनिया में एक भी नहीं होगा। ये इस तरह के मूढ़ ही गर्भपात करवा रहे हैं।

और दूसरी बात उन्होंने कही कि 'पर-स्त्री संबंध...।'

कृष्ण की सोलह हजार स्त्रियां थीं, यह स्वामी अक्षयानंद महाराज को बताना। और ये सोलह हजार स्त्रियां इनकी विवाहित स्त्रियां नहीं थीं, दूसरों की विवाहित स्त्रियां थीं। और ये राजी-खुशी भी इनके साथ नहीं आ गई थीं, ये जबर्दस्ती भगाकर लाई गई थीं। कृष्ण भगवान हैं—और मैं राक्षस! सोलह हजार क्या, मैंने सोलह स्त्रियां भी नहीं भगाईं। अगर भगवान होने के लिए सोलह हजार स्त्रियां दूसरों की उड़ाना जरूरी हो तो निश्चित ही मैं भगवान नहीं हूं और होना भी नहीं चाहता। राक्षस ही भला। अगर राक्षस रावण का कसूर इतना है कि उसने सीता भगाई, तो एक ही स्त्री भगाई थी। और कृष्ण ने सोलह हजार स्त्रियां भगाईं। अगर एक स्त्री के भगाने से रावण राक्षस हो गया तो कृष्ण सोलह हजार गुने राक्षस हैं। और अगर सोलह हजार स्त्रियां भगाना जरूरी हैं भगवान होने के लिए तो फिर कृष्ण को भी एक बटा सोलह हजार भगवान तो रावण को भी मानना पड़ेगा कृष्ण के हिसाब से। और मैंने एक भी नहीं भगाई। पराए की भगाना तो दूसरी, अपनी भी नहीं भगाई। इस हिसाब से मैं तो एक बटा सोलह हजार भगवान भी नहीं हूं। राक्षस भी नहीं हूं, क्योंकि किसी की सीता भी नहीं भगाई। बात तो साफ है कि मैं सतयुगी भगवानों के मुकाबले कहीं भी भगवान नहीं ठहरता।

मेरे लिए तो अगर भगवान स्वीकार करना हो तो अलग ही कोटि बनानी पड़ेगी। न तो धनुर्धारी हूं, न फरसा लिए हूं। न कृष्ण जैसा धोखा, बेईमानी, जालसाजी, झूठ, वचन-भंग कि कसम खाई थी कि युद्ध में हथियार न उठाएंगे, फिर सुदर्शन-चक्र उठा लिया। सुदर्शन-चक्र भी मेरे पास नहीं, कुछ भी नहीं मेरे पास।

कई बार मैं सोचता हूं कि यह भगवान शब्द गंदा है। और जैसे ही नया

कम्यून स्थापित हो जाए, इस शब्द को त्याग करना है, क्योंकि भगवान के नाम से जो लोगों का संबंध जुड़ा रहा है, उनकी पंक्ति में मैं खड़ा नहीं होना चाहता।

बता रहे हैं वे कि 'पर-स्त्री संबंध और गर्भपात का समर्थन करने वाले आचार्य भगवान नहीं, प्रथम कोटि के राक्षस हैं।'

होना ही चाहिए प्रथम कोटि का राक्षस, क्योंकि ये तो कोई भी गुण मुझमें नहीं हैं। ये परशुराम की तरह लिए फरसा घूम रहे हैं कि जहां कोई दिखा क्षत्रिय कि सत सिरी अकाल, वहीं खातमा किया! न किन्हीं की स्त्रियों को मैं भगा रहा हूं। और ये सब मांसाहारी थे—ये राम, ये कृष्ण, ये सब मांसाहारी थे।

जैन शास्त्रों में उल्लेख है कि कृष्ण के चचेरे भाई नेमीनाथ, जैनों के एक तीर्थंकर हैं। नेमीनाथ का विवाह हुआ—विवाह हो रहा था, हो नहीं पाया था, पूरा नहीं हो पाया। नेमीनाथ की जब बारात पहुंची, तो नेमीनाथ ने देखा कि हजारों पशु चिल्ला रहे हैं, मिमिया रहे हैं, क्योंकि वे बरातियों के लिए बांधकर रखे गए थे कि बराती आएं तो काटे जाएं। बरातियों का स्वागत-सत्कार करना है। तो नेमीनाथ ने पूछा, इतने पशु क्यों चिल्ला रहे हैं? क्या बात है? ये क्यों बांधे गए हैं? तो बताया गया कि ये बरातियों के स्वागत के लिए इनकी बलि दी जाएगी। नेमीनाथ के मन को ऐसी चोट पड़ी कि उन्होंने कहा कि मुझे यह विवाह ही नहीं करना। जिस विवाह में इतनी हिंसा शुरुआत में हो रही हो, मैं तो यह चला! उन्हें हिंसा से ऐसी विरक्ति हुई कि उन्होंने बरात छोड़कर जंगल की राह पकड़ी। वे चचेरे भाई थे कृष्ण के। कृष्ण थे तो अहीर। अहीर तो मांसाहारी हैं, कोई शाकाहारी नहीं।

राम भी क्षत्रिय थे, मांसाहारी थे। ये मांसाहारी भगवान हैं; निश्चित ही मैं शाकाहारी हूं, कैसे भगवान हो सकता हूं। और ये स्वामी अक्षयानंद महाराज शास्त्रों के ज्ञाता हैं, क्या खाक शास्त्र जानते हैं? राम के जीवन में उल्लेख है कि जब वे वन जा रहे हैं तो अहिल्या पत्थर होकर पड़ी है और उनके पैर की प्रतीक्षा कर रही है जन्मों से कि जब उनका पैर पत्थर पर पड़ेगा तो अहिल्या पुनः जीवित हो उठेगी। और इसका खूब गुणगान किया जाता है कि क्या चमत्कार हुआ! राम के पैर का स्पर्श हुआ और चट्टान पुनरुज्जीवित हो उठी! लेकिन कोई यह भी पूछे कि अहिल्या पत्थर कैसे हो गई थी? मैं कुछ मामलों को इतनी आसानी से नहीं छोड़ देता। यह अहिल्या अभिशापित

हुई थी पति के द्वारा।

और बड़े मजे की कहानी है पुराणों में। कहानी यह है कि इंद्र ने धोखा दिया एक ऋषि की पत्नी को—अहिल्या को। ऋषि गए स्नान को। ऋषियों को पहले से ही बताया गया है कि ब्रह्ममुहूर्त में स्नान करने जाना। क्यों ब्रह्ममुहूर्त में करने स्नान जाना, क्योंकि देवी-देवता इस बीच जो भी उन्हें घूंघर करना हो कर लें। ऋषि महाराज गए स्नान करने ब्रह्ममुहूर्त में और इंद्र ऋषि के घर पहुंच गया—ऋषि का वेश बनाकर। देवता को क्या कमी, कोई भी चमत्कार कर लें! पत्नी को धोखा हो गया। पत्नी को कुछ पता न चला कि यह कोई दूसरा आदमी है जो ऋषि का धोखा बनकर अंदर आ गया है। उसने अहिल्या के साथ भोग किया। और जब ऋषि को पता चला तो उसने अभिशाप दे दिया अहिल्या को। अब तुम थोड़ा अन्याय देखो। अभिशाप देना चाहिए इंद्र को, अहिल्या का क्या कसूर है? अभिशाप देना था इंद्र को कि हो जा पत्थर का। लेकिन इंद्र हैं पुरुष, पुरुष को तो क्या अभिशाप देना? स्त्री को अभिशाप दिया, जिसका कि कोई कसूर न था। इसका क्या कसूर? अगर कोई आदमी ठीक पति जैसा होकर आ जाए और संभोग करे तो यह स्त्री कैसे मना करती, इसे कैसे पता चलता? इसकी तो कहीं भी कोई भूल नहीं है। इसको अभिशाप दे दिया कि तू पत्थर होकर पड़ी रहेगी तब तक, जब तक राम के चरण तेरे ऊपर न पड़ेंगे।

यह दोहरा मापदंड बेईमानी का प्रतीक है, अन्याय का प्रतीक है। स्त्रियों के साथ जितनी ज्यादती भारतीय पुराणों में हुई है, उतनी ज्यादती दुनिया के किन्हीं शास्त्रों में नहीं हुई। और इन्हीं शास्त्रों की गुणगाथा गाई जाती है और इन्हीं की प्रशंसा की जाती है। ये सड़े-गले शास्त्र जला देने योग्य हैं। मगर हिंदू अहंकार प्रभावित होता है जब भी कोई आकर कह देता है हमारे शास्त्र! और अमरीकी चुटैयाधारी, सिर घुटाए, ढोलक बजाए, हरेकृष्णा-हरेरामा करे और फिर कहे कि हमारे शास्त्र, तो हिंदुओं का हृदय तो एकदम गार्डन-गार्डन हो जाए! एकदम नाच उठे, खुमारी छा जाए, कि क्या बात गहरी कह दी!

जरा अपने शास्त्रों को उठाकर देखो और शर्म से सिर झुक जाएगा। तुम्हारे शास्त्रों में तुम्हारे सारे देवी-देवता निपट लफंगे हैं। मेरी मजबूरी है, क्योंकि जो है मैं उसको वैसा ही कह रहा हूं। तुम्हारा एक देवता ढंग का आदमी नहीं है। और तुम्हारे देवताओं का कुल काम क्या है स्वर्ग में?

अप्सराओं को नचाओ, और क्या करोगे! और जब अप्सराओं से ऊब जाते हैं तो यहां ऋषि-मुनियों की स्त्रियों को सताओ। और ऋषि-मुनि अगर तपश्चर्या करें, तो अप्सराओं को भेजो तो उनकी तपश्चर्या डगमगाएं, कि उनको भ्रष्ट करें। गजब का काम तुम्हारे देवताओं के हाथ में लगा हुआ है! खुद स्त्रियों को नचाते रहो—एक काम, दूसरा काम—कोई ऋषि-मुनि तपश्चर्या न कर पाए, इसका ध्यान रखो। खूब देवता हैं, धर्म की रक्षा कर रहे हैं कि कोई ऋषि-मुनि तपश्चर्या न कर पाए। तपश्चर्या में जरा ही ऊंचा उठने लगे कि भेज दो फौरन उर्वशी को, मेनका को, भ्रष्ट करो उसको। क्योंकि इंद्र का सिंहासन डोलने लगता है कि कोई ऋषि-मुनि कहीं तपश्चर्या में सफल हो गया तो इंद्र न हो जाए। तो यह तो राजनीति हुई, धर्म क्या हुआ? ये देवी-देवता भी राजनीति में ही पड़े हुए हैं, इनका भी सिंहासन डोल रहा है, कि कहीं दूसरा हमारे सिंहासन पर न आ जाए! वही साधारण आदमियों की कथाएं।

और ये देवी-देवताओं के पास सुंदर उर्वशियां हैं, मेनकाएं हैं, जिनकी उम्र हमेशा सोलह साल रहती है। क्या गजब का इंतजाम किया है! जिनके शरीर से पसीना नहीं बहता! जिनके शरीर से सुगंध ही सुगंध उठती है! इन स्त्रियों से भी ये ऊब जाते हैं। कितनी ही स्वादिष्ट हों ये स्त्रियां, मगर वही स्वाद, वही स्वाद, रोज रसमलाई, रसमलाई, रसमलाई! फिर आदमी घबड़ा जाएगा। कभी आदमी का मन भजिया इत्यादि खाने का भी होने लगता है। तो वे चले आते हैं पृथ्वी पर। और यहां दूसरे तो जाते नहीं ब्रह्ममुहूर्त में उठकर, पर पतिदेव घर में ही बैठे रहते हैं ब्रह्ममुहूर्त में भी, ऋषि-मुनि बेचारे जाते ब्रह्ममुहूर्त में स्नान करने। गए गंगा जी। और देवताओं का काम है उनकी पत्नियों को भ्रष्ट करना। और यह बड़े मजे की बात है कि उर्वशी पर प्रभावित हो जाता है मुनि तो भ्रष्ट हो गया और देवता आकर मुनियों की स्त्रियों को भ्रष्ट कर जाते हैं तो भी भ्रष्ट नहीं होते।

तुम जरा अपने शास्त्रों को उठाकर तो देखो। ब्रह्मा ने पृथ्वी बनाई और पृथ्वी को बनाकर वे उस पर मोहित हो गए, क्योंकि पृथ्वी यानी स्त्री। बनाने वाले थे तो पिता थे, पिता बेटी पर मोहित हो गए। शास्त्र कहते हैं कि उनके मन में एकदम कामवासना जग गई। वे लगे पीछा करने। अब इनको अगर मैं लंपट न कहूं तो क्या कहूं? और बेचारी स्त्री लाज-शरम के मारे छिपने लगी। इस तरह सारी सृष्टि का जन्म हुआ है...छिपने की प्रक्रिया से। कैसे

छिपी? वह गाय बन गई तो ब्रह्मा सांड बन गए। वे भी पीछा न छोड़ें। वह घोड़ी बन गई तो वे घोड़ा बन गए। वह गधी बन गई तो वे गधा बन गए। बनते ही चले गए। वह बाई बनती गई, वे भैया बनते गए। ऐसे सारे जगत का फैलाव हुआ।

ये तुम्हारे पुराण, ये तुम्हारे शास्त्र और इनका तुम गुणगान करते नहीं थकते! और तुम थक गए हो अब तो यह बाहर से उधार मूढ़, जिनको कुछ पता नहीं शास्त्रों का, ये आकर यहां शास्त्रों की प्रशंसा कर रहे हैं। और मुझको कह रहे हैं राक्षस! तो राक्षस की परिभाषा एक दफे ठीक से कर लो, तो तुम्हारे सारे देवता राक्षस सिद्ध होंगे और तुमने जिनको भगवान कहा है अब तक, उनमें कोई भगवान कहने योग्य न बचेगा। महावीर में कुछ भगवत्ता है, लेकिन हिंदू शास्त्रों ने महावीर का उल्लेख भी नहीं किया। बुद्ध में भगवत्ता है, लेकिन हिंदू शास्त्रों ने बुद्ध का ऐसा उल्लेख किया है कि जो बेईमानी से भरा हुआ है। उल्लेख ऐसा किया कि ब्रह्मा ने नर्क बनाया, स्वर्ग बनाया; नर्क में कोई जाए ही न, क्योंकि कोई पाप ही न करे। आखिर नर्क के जो काम करने वाले कार्यकर्तागण थे, उन्होंने जाकर परमात्मा से प्रार्थना की, हमें किसलिए बिठा रखा है? खाली बैठे हैं। न कोई कभी आता, न कभी कोई जाता, कोई पाप ही नहीं करता। तो उन पर दया करके परमात्मा ने कहा कि घबड़ाओ मत, जल्दी ही मैं गौतम बुद्ध की तरह अवतार ग्रहण करूंगा और लोगों को मार्ग से भ्रष्ट करूंगा।

सो वे गौतम बुद्ध की तरह अवतरित हुए—नर्क के अधिकारियों पर दया करने के लिए। नर्क ही मिटा देते, क्या जरूरत थी नर्क को बनाए रखने की? अगर कोई पाप नहीं कर रहा था तो कोई जबर्दस्ती पाप करवाने की आवश्यकता है? तो उनको छुट्टी दे देते नर्क के कार्यकर्ताओं को। उनको कह देते, तुम भी स्वर्ग में आ जाओ, यहीं कोई काम सम्हाल लो। नर्क का काम ही बंद कर दो। सीधी सी बात थी। किसी भी छोटी-मोटी बुद्धि के आदमी को समझने में आ जाए कि बात ठीक थी, दुकान नहीं चल रही तो क्या जरूरत कि जबर्दस्ती ग्राहक पैदा करो?

तो बुद्ध की तरह अवतार लिया भगवान ने—लोगों को भ्रष्ट करने के लिए! और लोगों को भ्रष्ट किया। और तब से नर्क में ऐसी भीड़म-भाड़ मची हुई है, कतारें लगी हुई हैं, लोगों को प्रवेश नहीं मिलता। तब से स्वर्ग में अड़चन हो गई होगी। तब से कोई स्वर्ग जाएगा ही क्यों?

गौतम बुद्ध में भगवत्ता एक दफे प्रगट हुई है, बड़ी प्रगाढ़ता से। न तो राम में वह खूबी है, न परशुराम में वह खूबी है, न कृष्ण में वह खूबी है—जो बुद्ध में है। लेकिन बुद्ध को उन्होंने क्या कहानी गढ़ी! इस देश में ब्राह्मण, पुरोहितों और पंडितों ने इस तरह की जालसाजी रची है, इस तरह की दकियानूसी और अंधविश्वास पैदा किया है कि जिसका कोई अंत नहीं। जिनको भगवान कहा जा सकता था उनको भगवान कहा नहीं, और जिनको भगवान कहा है उनमें भगवत्ता जैसे कोई लक्षण नहीं।

अब वे कहते हैं कि मेरे संन्यासियों की उन्होंने आलोचना की। और आलोचना करने का कारण क्या है?

'क्योंकि भटके हुए विदेशी नागरिक संतों जैसे वस्त्र पहन कर...।'

कौन भटका हुआ है? जैनों के हिसाब से हिंदू भटके हुए हैं; हिंदुओं के हिसाब से जैन भटके हुए हैं; जैनों-हिंदुओं, दोनों के हिसाब से बौद्ध भटके हुए हैं; बौद्धों के हिसाब से जैन-हिंदू भटके हुए हैं। मुसलमानों के हिसाब से ईसाई भटके हुए हैं। ईसाइयों के हिसाब से मुसलमान भटके हुए हैं। ईसाइयों और मुसलमानों, दोनों के हिसाब से जैन, हिंदू, बौद्ध, सब भटके हुए हैं। कौन भटका हुआ है?

मेरे पास जो लोग हैं, इनको वे कह रहे हैं कि ये सीधे-सादे लोग मेरे कारण मार्गच्युत हो रहे हैं और भटक रहे हैं।

यह भ्रांति छोड़ दो, मेरे पास सीधे-सादे लोग इकट्ठे नहीं हुए हैं। मेरे पास अति विचारशील लोग इकट्ठे हुए हैं। भोंदू तो बचे ही नहीं, वे तो सब हरेकृष्ण आंदोलन में सम्मिलित हो गए।

इस देश में तीन बड़े महापुरुष—एक प्रभुपाद; एक मोरारजी देसाई; एक मुक्तानंद। इन तीन से ती कोई बाजी नहीं ले सकता। प्रभुपाद तो मर गए, मगर इससे कुछ नहीं होता। उल्लू मर गए, औलाद छोड़ गए! अब ये औलाद घूंघर कर रही है। स्वामी अक्षयानंद महाराज, उनकी औलाद। न इनके गुरु को कोई अक्ल थी—अक्ल जैसी चीज से कोई वास्ता ही न था—न इनको कोई अक्ल है।

मेरे पास जो लोग इकट्ठे हुए हैं, ये सुशिक्षित लोग हैं। इनमें सैकड़ों ग्रेजुएट हैं, पी.एच.डी. हैं, डी.लिट हैं, पश्चिम के बड़े-बड़े विश्वविद्यालयों में शिक्षित हुए लोग हैं। इनमें प्रोफेसर्स हैं, मनोवैज्ञानिक हैं, डाक्टर हैं, इंजीनियर हैं, वैज्ञानिक हैं। ये कोई सीधे-सादे लोगों की जमात नहीं है। ये

सब तरफ से सुशिक्षित-सुसंस्कृत लोग हैं। और अगर आज इन्होंने सीधा-सादा होना चाहा है तो ये जीवन के सारे तिरछेपन को जीकर सीधे हो रहे हैं, अनुभव से सीधे हो रहे हैं। इनकी सादगी मूढ़ता का प्रतीक नहीं है; इनकी सादगी इनकी साधुता का प्रतीक है।

और उन्होंने आलोचना में जो कहा वह यह कि 'चूंकि यह सार्वजनिक स्थलों पर प्रेम का निर्लज्ज प्रदर्शन करते हैं...।'

और ये कृष्ण को मानने वाले लोग कहें, तब तो जरा हद हो जाती है। कम से कम मेरे कोई संन्यासी नदी में स्नान करती हुई स्त्रियों के कपड़े लेकर झाड़ों पर नहीं बैठते। और कृष्ण क्या करते थे? यह वंशीवट में और बांसुरी बजाना और यह लीला और यह रासलीला और स्त्रियों का नाच! ये सब सार्वजनिक स्थल नहीं थे तो क्या थे वृंदावन में? ये नदी के घाट, यह वंशीवट! और कृष्ण को मानने वाला कोई व्यक्ति ऐसी बात करे तो फिर बेहूदगी की हद हो गई। फिर मेरे संन्यासी किसी और की स्त्रियों के साथ छेड़खान नहीं कर रहे हैं; अपनी प्रेयसी को अगर हाथ पकड़कर चल रहे हैं तो इसमें किसी को क्या एतराज? अगर अपने प्रिय को गले मिलते हैं तो इसमें किसी को क्या एतराज? जिनको एतराज है वे विकृत हैं, कुरूप हैं; उनके भीतर दमित वासनाएं हैं।

और ये बेचारे हरेकृष्ण आंदोलन में सम्मिलित लोग एकदम दमित वासनाओं से भरे हुए हैं, क्योंकि इनको भारत में जो मूर्खता सदियों तक चलती रही है वही इनको सिखाई गई है। इनको सिखाया जा रहा है दमन। और दमन के परिणाम कितने भयंकर हो सकते हैं, जिसका हिसाब लगाना मुश्किल है।

कल मैंने एक खबर पढ़ी कि एक कैथलिक नन, साध्वी, चालीस साल साध्वी रहने के बाद, सड़सठ साल की उम्र में—और साधारण साध्वी नहीं थी, कैथलिक साध्वियों के आश्रम की प्रधान थी, मदर सुपीरियर थी, जैसे मदर टेरेसा—वह भाग गई और उसने विवाह कर लिया एक बूढ़े से। चालीस साल साध्वी रहने के बाद सड़सठ साल की उम्र में भागना और विवाह कर लेना एक बूढ़े से! जब मैं पढ़ रहा था तो मैं थोड़ा हैरान हुआ। कभी-कभी मुझे ऐसे खयाल आते हैं, अच्छे-अच्छे खयाल आते हैं। जैसे कभी-कभी मैं सोचता हूं कि अगर मदर टेरेसा मोरारजी देसाई का विवाह हुआ होता, तो संतान कैसी होती! खयाल की बात, कल्पना की बात, कविता

की बात समझो। पृथ्वी वंचित रह गई। कहावत तो हमारे पास है—राम मिलाई जोड़ी, कोई अंधा कोई कोढ़ी। मदर टेरेसा और मोरारजी देसाई जैसी जोड़ी, और इनसे जो संतान पैदा होती, दर्शनीय होती, अद्वितीय होती!

सड़सठ साल की उम्र में कोई साध्वी भाग जाए और विवाह करे, यह किस बात का सबूत होगा? यह इस बात का सबूत होगा कि चालीस साल तक गरीब औरत ने दमन किया, भारी दमन किया और दमन का यह परिणाम है।

'उन्होंने चिंता और आक्रोश प्रगट किया है।'

करो चिंता प्रगट, करो आक्रोश प्रगट। मुझे न तो चिंता होती इस तरह के लोगों पर, न आक्रोश होता, सिर्फ हंसी आती है। यह व्यक्ति हास्यास्पद है, और कुछ भी नहीं। मगर इस तरह के लोग प्रभावित करते रहते हैं, इस तरह के लोग व्यर्थ की बकवासों में लगे रहते हैं। और इस तरह के लोग लोगों को चलाते रहते हैं, मार्गदर्शन करते रहते हैं। बेईमान हैं, धोखेबाज हैं। न सोचा है, न समझा है, न विचारा है; ध्यान तो बहुत दूर। मगर दुकानदारियां हैं।

और हिंदू मन बहुत प्रताड़ित है। बड़ी आकांक्षा उसकी होती है कोई उसके अहंकार को थोड़ा सा भी मक्खन लगा दे। हमारे शास्त्र, हमारा धर्म, हमारे भगवान!

मैं तो वही कहूंगा जैसा है, चाहे कोई भी परिणाम हों। जो गलत है उसको गलत कहूंगा; जो सही है उसको सही कहूंगा। मैं तो दो और दो चार, उतना स्पष्ट हूं। फिर इसके जो भी परिणाम हों। सत्य के ऊपर सब कुछ दांव लगा देने की मेरी तैयारी है। और जो मेरे साथ हैं, उनको भी इतनी ही तैयारी रखनी होगी। मेरे साथ होना आग के साथ होना है। लेकिन इस आग में जल जाना सौभाग्य है, क्योंकि इसमें वही जल जाएगा जो व्यर्थ है, असार है और वही बच रहेगा जो खालिस सोना है।

आज इतना ही।

4

संन्यास तो आईना है

पहला प्रश्न: भगवान,
क्या हमारा अंधकार कभी न कटेगा? क्या हम सदा-सदा मूढ़ता में ही डूबे रहेंगे?
स्वामी अक्षयानंद महाराज ने यह भी कहा है कि आचार्य रजनीश जो शिक्षा दे रहे हैं उसे वे भारतीय संस्कृति कहकर लोगों को भ्रमित कर रहे हैं। उनकी शिक्षा भारतीय संस्कृति या शास्त्रों के अनुसार नहीं है। आचार्य रजनीश कलियुगी हैं।
क्या आप इस संबंध में कुछ कहेंगे?

आनंदमूर्ति,

यूं न कहो। अंधकार है तो आलोक भी हो सकता है। अंधकार सबूत है इस बात का कि आलोक की संभावना है। मूढ़ता है तो टूट भी सकती है। जड़ता है तो मिट भी सकती है। श्रम की जरूरत है, अथक श्रम की जरूरत है। चूंकि जड़ता बहुत पुरानी है, उसकी जड़ें गहरी चली गई हैं। हमारे प्राण उस जहर से सदियों से सींचे गए हैं। हमारी हड्डी-मांस-मज्जा में उसका प्रवेश हो गया है। लेकिन फिर भी निराश होने की कोई बात नहीं, हताश होने की कोई बात नहीं। बल्कि ठीक इसके विपरीत, इसे चुनौती समझो। इसे एक निमंत्रण समझो—एक पुकार। यह संघर्ष प्यारा है। इस संघर्ष में मिट भी जाना पड़े तो भी अहोभाग्य है।

ध्यान रहे, असत्य के मार्ग पर सफलता भी मिल जाए तो व्यर्थ है और सत्य के मार्ग पर असफलता भी मिले तो सार्थक है। सवाल मंजिल का नहीं। सवाल कहीं पहुंचने का नहीं, कुछ पाने का नहीं—दिशा का है, आयाम का है। कंकड़-पत्थर इकट्ठे भी कर लिए किसी ने, तो क्या पाएगा? और हीरों की तलाश में खो भी गए, तो भी बहुत कुछ पा लिया जाता है—उस खोने में भी! अनंत की यात्रा पर जो निकलते हैं, वे डूबने को भी उबरना समझते हैं।

माना कि अंधकार है, और अंधकार है तो उल्लू भी बोलेंगे। रात जितनी अंधेरी होगी उतनी ही उल्लुओं की बन आएगी। और उल्लू डरेंगे भी

सुबह के होने से। सुबह का आभास भी, उसकी पगध्वनि भी, उनके प्राणों को झकझोर देगी। और स्वभावतः इसी तरह के लोग बेचैन हैं। पर इससे आनंदमूर्ति, तुम्हें बेचैन होने की कोई जरूरत नहीं। तुम्हारे भीतर कुछ है, जिसे मिटा कर भी नहीं मिटाया जा सकता है।

बोली खुदसर हवा एक जर्रा है तू
यूं उड़ा दूंगी मैं, मौजे-दरिया बढ़ी
बोली मेरे लिए एक तिनका है तू
यूं बहा दूंगी मैं, आतिशे-तुंद की
इक लपट ने कहा, मैं जला डालूंगी
और जमीं ने कहा मैं निगल जाऊंगी
मैंने चेहरे से अपने उलट दी निकाब
और हंसकर कहा—मैं सुलेमान हूं
इब्ने-आदम हूं मैं, यानी इंसान हूं

मिटा-मिटाकर भी मिटा न पाओगे। सत्य मिटता नहीं, छिप जाए; फिर-फिर उभर आएगा। न तो हवा मिटा सकती है, न आग। न दरिया मिटा सकता है, न जमीन लील सकती है, न आकाश पोंछ सकता है।

मैंने चेहरे से अपने उलट दी निकाब
और हंसकर कहा—मैं सुलेमान हूं
इब्ने-आदम हूं मैं, यानी इंसान हूं

हताश नहीं होते हैं। इसलिए यूं न कहो कि 'क्या हमारा अंधकार कभी न कटेगा?'

दीए की जरा सी ज्योति भी पुराने से पुराने अंधकार को, गहन से गहन अंधकार को, अमावस की रात को तोड़ देती है। सवाल अंधकार का नहीं है, सवाल दीए के जलाने का है। उसी श्रम में हम लगे हैं। और यह सौभाग्य का श्रम है। इसमें पुरस्कार अलग नहीं है—श्रम में ही समाया हुआ है।

इसलिए कहता हूं—

यूं न कहो
कभी न इसके भाग खुलेंगे प्यासी मिट्टी रहेगी प्यासी
यूं न कहो मुर्झाए पौधे यूं ही सदा मुर्झाए रहेंगे
चलते-चलते इस मंजिल में आकर धरती रुक जाएगी
यूं न कहो गहनाए सूरज यूं ही सदा गहनाए रहेंगे

तुम तो शफक के घुलते-मिलते रंगों की इक गुलकारी हो
तुम तो सहर का हल्का-हल्का नूर हो जिससे दुनिया जागे
तुम तो महक हो खिलते फूल की चढ़ते दिन का उजलापन हो
तुमने तो सुलझाए हैं आकर जहन के कितने उलझे धागे
तुमको हमने अपना कहा है, तुम तो यूं न कहो जिंदां के
कभी न भारी कुफ्ल खुलेंगे, कभी न जंजीरें टूटेंगी
यूं न कहो
कभी न इसके भाग खुलेंगे प्यासी मिट्टी रहेगी प्यासी
यूं न कहो मुर्झाए पौधे यूं ही सदा मुर्झाए रहेंगे

ये पौधे मुर्झा तो गए हैं, लेकिन सदा ही मुर्झाए रहेंगे ऐसा कहो ही मत, सोचो ही मत। क्योंकि तुम्हारे सोचने में ही खतरा है। ऐसा तुम्हारे कहने में ही खतरा है। ऐसा कहकर कहीं तुम, जिस सम्यक श्रम के लिए मैंने आमंत्रण दिया है, तुम्हें पुकार दी है और तुम मेरे पास आ गए हो, इकट्ठे हो गए हो, वह श्रम ही बंद हो जाएगा। तोड़ेंगे चट्टानों को! फोड़ेंगे झरनों को! मुक्त करेंगे। और यह आह्लादपूर्ण है। यह परमात्मा का काम है। यही तो प्रार्थना है। इतनी ही तो प्रार्थना है।

और सब प्रार्थनाएं झूठी हैं। और मंदिर-मस्जिद, गिरजे-गुरुद्वारे थोथे हैं। प्रार्थना तभी सत्य होती है जब तुम किसी ऐसे श्रम में संलग्न होते हो, जिससे परमात्मा का पदार्पण हो सके। जब तुम एक ऐसा द्वार खोलते हो, एक ऐसी दीवाल तोड़ते हो, जहां से सूरज आ सके, स्वच्छ हवाएं प्रवेश कर सकें।

तुमने पूछा कि स्वामी अक्षयानंद महाराज ने यह भी कहा है कि 'आचार्य रजनीश जो शिक्षा दे रहे हैं, उसे वे भारतीय संस्कृति कहकर लोगों को भ्रमित कर रहे हैं।'

यह बात सरासर झूठ है। क्योंकि मैंने कभी नहीं कहा कि मैं जो शिक्षा दे रहा हूं वह भारतीय संस्कृति है। लेकिन इस देश में तो लोग पता नहीं सपनों में सुन लेते हैं, सपनों में देख लेते हैं और उस पर भरोसा कर लेते हैं।

राजा हरिशचंद्र की कथा है ही कि उन्होंने स्वप्न में एक ब्राह्मण को दान दे दिया राज्य। स्वप्न में! और फिर ढुंढवाया उस ब्राह्मण को। बड़ी गजब की दुनिया थी! सपने में जो ब्राह्मण देखा था, इस बड़ी पृथ्वी पर उसको कैसे खोज लिया! ऐसा लगता है कि उन दिनों सपनों की भी तस्वीरें ली जाती

होंगी। कैसे खोज लिया उस ब्राह्मण को जिसको सपने में देखा था! और उसे राज्य दे दिया।

एक राजा हरिशचंद्र हुए, उनकी महिमा गाई जाती है। कोई यह भी नहीं पूछता कि सपने में भरोसा करने वाले लोग विक्षिप्त हैं या उनको समझदार कहें? पागल हैं! अरे, जिंदगी भी सपना है, यह भी भरोसे के योग्य नहीं। और ये राजा हरिशचंद्र हैं, जिन्होंने सपने को भी जिंदगी समझ लिया और उस पर भरोसा कर लिया! लेकिन कहानियां ही जिनको माननी हों उन्हें क्या अड़चन?

अभी कुछ दिन पहले ब्रेजनेव का भारत आगमन हुआ तो मोरारजी देसाई ने कहा कि ब्रेजनेव ने मुझसे कहा था कि पाकिस्तान को अच्छा पाठ पढ़ा दो। अब मोरारजी देसाई—राजा हरिशचंद्र ही समझो! क्योंकि ब्रेजनेव ने इनकार किया, रूस से इनकार किया गया, सब तरफ से इनकार किया गया। लेकिन वे डटे रहे। सुन लिया होगा सपने में। हो सकता है सपने में ब्रेजनेव ने कह दिया हो। मगर सपने में जो कहा हो उसके लिए ब्रेजनेव जिम्मेवार तो नहीं।

अभी कल उन्होंने बात सच्ची कही। कल उन्होंने कहा कि ब्रेजनेव ने नहीं कहा था, किसी और ने कहा था जिसका नाम लेना मैं अभी ठीक नहीं समझता। लेकिन देश के हित के लिए मैंने ब्रेजनेव का नाम ले दिया था।

ये गांधीवादी, सत्यवादी, सत्याग्रही, अहिंसक! ये सब झूठ के ठेकेदार! ये सब बेईमान! ये सरासर गलत तरह के लोगों के हाथ में इस देश की नीति का निर्धारण पड़ा हुआ है। और ये वे कह भी गए और सारा देश चुपचाप सुन रहा है।

अक्षयानंद महाराज को पता नहीं किस सपने में यह सुनाई पड़ गया। मैंने तो कभी कहा नहीं। मैं तो कह भी कैसे सकता हूं? मेरी तो पूरी जीवन-दृष्टि के यह बात विपरीत है। मेरा भरोसा न भारत में है, न चीन में है, न जापान में है। मेरा भरोसा राष्ट्रों में नहीं है। राष्ट्रों के नाम पर बहुत पाप हो चुका, बहुत युद्ध हो चुके, बहुत हिंसा हो चुकी। और जब तक राष्ट्र रहेंगे तब तक युद्ध रहेंगे। अगर युद्धों को जाना है तो राष्ट्रों को जाना होगा। अगर मनुष्य-जाति को बचाना है तो इस पृथ्वी को एक भाईचारे में बदलना होगा।

इसलिए मुझे भारत इत्यादि में कोई श्रद्धा नहीं है। और यह तो मैं कह ही नहीं सकता—भारतीय संस्कृति! सभ्यताएं कही जा सकती हैं भारत की,

चीन की, रूस की, अमरीका की—सभ्यताएं। क्योंकि सभ्यता का अर्थ होता है बाहर की बात।

सभ्यता शब्द समझने जैसा है। सभ्यता बनता है—सभा से। सभा में बैठने की योग्यता जिसमें हो उसको सभ्य कहा जाता है। इसलिए सभ्य का एक अर्थ सदस्य भी होता है। सभा में बैठने की योग्यता, चार लोगों में उठने-बैठने की तरतीब जिसको आ गई, उसको सभ्य कहते हैं। सभ्यता का संबंध औरों से संबंध में है। सभ्यता का अर्थ है दूसरों से हम किस भांति व्यवहार करें, कैसे उठें, कैसे बैठें, कैसे कपड़े पहनें, क्या कहें, क्या न कहें, क्या भोजन...। इस तरह की बातों का नाम सभ्यता है।

निश्चित ही अलग-अलग देश की अलग-अलग होंगी। गर्म देश की परिस्थिति अलग होगी, ठंडे देश की परिस्थिति अलग होगी। तिब्बत में अगर तुम ब्रह्ममुहूर्त में उठकर और ठंडे पानी से स्नान करोगे तो आत्महत्या के भागीदार बनोगे। और भारत में अगर ब्रह्ममुहूर्त में उठकर ठंडे पानी से स्नान न किया तो तुम भारत में जो सुंदरतम क्षण हैं सुबह के, उनसे वंचित रह जाओगे। जो भारत में स्वास्थ्यप्रद है वही तिब्बत में हानिकर हो जाएगा। भारत में उघाड़े बदन बैठा जा सकता है, लेकिन साइबेरिया में नहीं। अगर महावीर साइबेरिया में होते तो नग्न नहीं खड़े होते, इतना मैं भरोसा दिलाता हूं। भारत जैसे देश में, जहां आग बरसती हो, नग्न होने में कोई कठिनाई नहीं है। यही तो कारण है कि जैन धर्म भारत के बाहर नहीं जा सका।

तुम चकित होओगे यह जानकर कि बुद्ध धर्म सारे एशिया पर फैल गया और जैन धर्म भारत के बाहर न जा सका। बुद्ध धर्म ने करोड़ों लोगों को प्रभावित किया और जैन धर्म आज भी पांच हजार सालों के बाद केवल पैंतीस लाख लोगों का धर्म है भारत में। बुद्ध धर्म से ढाई हजार साल पुराना धर्म है। महावीर तो जैनियों के अंतिम तीर्थंकर थे, चौबीसवें तीर्थंकर थे। बुद्ध के समसामयिक थे। लेकिन बुद्ध ने सारे एशिया को रूपांतरित कर दिया। और महावीर जैसा प्रतिभाशाली व्यक्ति वंचित क्यों हो गया? नग्नता ने दिक्कत दे दी। वह नग्नता तिब्बत न ले जा सकी, हिमालय के पार न ले जा सकी। ठंड ही बाधा नहीं थी। नग्न आदमी को न कोई देश स्वीकार कर सकता था, न नग्न आदमी कहीं जा सकता था। वह आबद्ध हो गया, यहीं सिकुड़कर रह गया।

सभ्यता बाहर की चीज है और इसलिए प्रत्येक देश की अलग होगी,

प्रत्येक समय की अलग होगी। लेकिन संस्कृति भीतर की बात है। संस्कृति का अर्थ होता है: ध्यान। क्योंकि ध्यान है कीमिया आत्मपरिष्कार की। और भीतर कोई भारतीय होता है कि चीनी होता है कि अरबी होता है कि ईरानी होता है? क्या तुम सोचते हो भीतर भी भूगोल है? क्या तुम सोचते हो भीतर भी इतिहास है? क्या तुम सोचते हो यही उपद्रव भीतर भी हैं? भीतर सन्नाटा है। भीतर परमात्मा है। भीतर तो परम मौन है, निःशब्द निराकार है। वहां कैसी सीमाएं और कैसे विशेषण?

यह स्वामी अक्षयानंद महाराज को अभी यह भी बोध नहीं है कि संस्कृति और सभ्यता में भेद होता है। सभ्यता तो अलग-अलग होगी ही, सदा होगी। लेकिन संस्कृति कभी भिन्न नहीं हो सकती। जीसस की और बुद्ध की, महावीर की और लाओत्सु की, जरथुस्त्र की और अलहिल्लाज की संस्कृति में कोई भेद नहीं। सभ्यता में तो भेद है। सभ्यता में तो भेद होगा ही, होना ही चाहिए।

लेकिन मूढ़ों को इन बारीकियों से क्या लेना-देना!

तो मैं तो यह कभी कह ही नहीं सकता कि मैं जो शिक्षा दे रहा हूं वह भारतीय संस्कृति की शिक्षा है। पहले तो इसलिए नहीं कह सकता कि मुझे भारत और अभारत में कोई भेद नहीं। दूसरे इसलिए नहीं कह सकता कि संस्कृति आंतरिक यात्रा है। सभ्यता भिन्न होती है, संस्कृति अभिन्न है। संस्कृति तो एक ही होती है, अनेक नहीं।

और इसलिए भी नहीं यह बात सही है, क्योंकि मैं तो कोई शिक्षा दे ही नहीं रहा हूं। मेरा काम तो शिक्षा से ठीक उलटा है। मेरा काम है कि तुम जो सीखकर बैठे हो उसको तुम से छीन लूं; तुम जो पकड़कर बैठे हो उससे तुम्हारे हाथ खाली कर दूं। वह जो तुम्हारे प्राणों पर जमाने भर की गर्द इकट्ठी हो गई है, उसे झाड़ दूं। तुम्हारे चित्त के दर्पण पर जो धूल जम गई है, उसे पोंछ दूं। मैं तुम्हें कुछ सिखा नहीं रहा हूं, तुम्हें मिटा रहा हूं। कुछ भुलाना है, सिखाना नहीं है। मेरा काम शिक्षा से ठीक उलटा है और उस उलटे काम को ही मैं धर्म कहता हूं।

महर्षि रमण के पास एक जर्मन प्रोफेसर ने जाकर कहा कि मैं सीखने आया हूं आपके पास धर्म। रमण ने कहा, फिर कहीं और जाओ। सीखना हो तो कहीं और जाओ। यहां तो भूलना हो तो रुको।

सीखने के लिए तो कोई अड़चन नहीं है, विश्वविद्यालय हैं,

पुस्तकालय हैं, शास्त्र हैं, शिक्षक हैं। सीखने के लिए तो बहुत फैलाव है। कुछ चाहिए लोग जो भुलाएं भी। तुम्हारी स्लेट पर गूदने वाले तो बहुत हैं। तुम पर गुदना खोदने वाले तो बहुत हैं। कुछ ऐसे लोग भी चाहिए जो तुम्हें फिर तुम्हारे बचपन का निर्दोष, निर्विकार चित्त दे दें; वह चेतना दे दें जो तुम लेकर आए थे; संस्कारों के जो पहले तुम्हारे पास थी। तुम्हारे संस्कारों को पोंछ डालें, ताकि तुम पुनः एक बार उसी आश्चर्य, उसी रहस्य से भरकर जगत को देखने में समर्थ हो पाओ। वे ही आंखें, जो छोटे बच्चों के पास होती हैं। वही आह्लाद, वही विस्मय, वही आश्चर्य-विभोर चित्त की दशा!

तो मैं शिक्षा तो दे ही नहीं रहा हूं। मैं तो, तुम शिक्षित बैठे हो, तुम्हारी शिक्षा पोंछ रहा हूं। तुम्हारे प्रमाण-पत्र जलाने हैं। अपने जला चुका हूं, अब तुम्हारे जला रहा हूं। तुमसे तुम्हारे शास्त्र छीनने हैं। अपने गंवा चुका हूं, अब तुम्हारे पर हमला कर रहा हूं।

स्वामी अक्षयानंद महाराज को कुछ पता नहीं कि वे क्या कह रहे हैं। मेरे संबंध में अफवाहें सुनी होंगी। और अफवाहों पर जो भरोसा कर लेते हैं, उनकी गिनती मैं समझदारों में नहीं करता।

और तुमने पूछा आनंदमूर्ति, 'उन्होंने यह भी कहा कि आपकी शिक्षा भारतीय संस्कृति या शास्त्रों के अनुसार नहीं है।'

मैंने कहा कब कि है? मैं तो शास्त्र-विरोधी हूं। जरूर मैं उन सत्यों का समर्थन करता हूं जो मैंने अनुभव किए हैं। शास्त्रों में हैं, इसलिए समर्थन नहीं करता। मैंने अनुभव किए हैं और अगर शास्त्र भी उनके समर्थन में हैं, तो जरूर मैं शास्त्रों की पीठ भी ठोंक देता हूं कि बच्चा, ठीक कहते हो! बाकी जो मैं कह रहा हूं, अपना अनुभव है। अपने अनुभव के अतिरिक्त मुझे और किसी बात पर भरोसा नहीं है। जो मैंने नहीं जाना है, जो मेरा स्वानुभव नहीं है, वह मैं तुमसे नहीं कहूंगा। शास्त्रों से मुझे क्या लेना-देना?

इसलिए मुझे सुनने वाले थोड़ी अड़चन में भी पड़ते हैं, थोड़ी झंझट में भी पड़ते हैं। क्योंकि कभी मैं उसी शास्त्र के एक वचन का समर्थन कर देता हूं और कभी उसी शास्त्र के दूसरे वचन का खंडन कर देता हूं। स्वभावतः उनकी समझ में यह बात नहीं आती। उनको समझ में आती है यह बात कि या तो मैं पूरे शास्त्र का समर्थन करूं या पूरे शास्त्र का विरोध करूं। नहीं, मुझे पूरे का विरोध या समर्थन इसमें रस नहीं है। मेरी कसौटी पर जो सच उतर आता है, वह फिर कहीं भी हो, वह कुरान में हो कि बाइबिल में हो, कि

जेंदावेस्ता में हो कि वेद में हो, कि ताओ-तेह-किंग में हो कि धम्मपद में हो, मुझे कोई अड़चन नहीं। मैं उसके समर्थन में खड़ा हूं। लेकिन अगर तुम गौर से समझोगे तो तुम पाओगे कि मैं उसका समर्थन इसलिए कर रहा हूं कि वह मेरा समर्थन कर रहा है, अन्यथा जहां मुझसे भिन्न कोई बात हुई, फिर मैं संकोच नहीं करता। फिर सत सिरी अकाल! फिर वाहे गुरुजी की फतह, वाहे गुरुजी का खालसा! फिर मैं कोई शिष्टाचार नहीं मानता, कोई सभ्यता नहीं मानता।

मेरे लिए तो सत्य के अतिरिक्त और कोई परमात्मा नहीं है। सत्य जहां भी प्रतिध्वनित हुआ हो, मेरा समर्थन है। मगर वह सत्य मेरा अनुभूत सत्य हो, तो ही। मैं उधार सत्यों का समर्थन नहीं करता हूं। इसलिए वे क्यों चिंता में पड़ रहे हैं कि मेरी बातें शास्त्रों के अनुसार नहीं हैं? मैंने कभी कहा ही नहीं। होनी चाहिए, यह भी नहीं कहा। तुम्हारे शास्त्रों का सौभाग्य है अगर कोई बात उनकी मेरे अनुसार पड़ती हो, अन्यथा उनका दुर्भाग्य। जीवित आदमी हूं मैं, मैं मुर्दा शास्त्रों में अपना समर्थन खोजूंगा? मुर्दे खोजते हैं, मुर्दा शास्त्रों में समर्थन। जिनका अपना अनुभव नहीं है वे खोजते हैं।

कालिदास का यह प्रसिद्ध वचन है—

पुराणमित्येव न साधु सर्वं
न चापि काव्यं नवमित्यवद्यम्।
संतः परीक्ष्यान्यतरद्भजन्ते
मूढ़ः परप्रत्ययनेयबुद्धिः।।

अर्थात कोई वस्तु पुरानी होने से ही अच्छी नहीं हो जाती; न ही कोई काव्य नया होने से निन्दनीय हो जाता है। सतपुरुष नए-पुराने की परीक्षा करके दोनों में से जो गुणयुक्त होता है, उसको ग्रहण करते हैं; मूढ़ की बुद्धि तो दूसरे के ज्ञान से ही संचालित होती है।

मूढ़ः परप्रत्ययनेयबुद्धिः।

मूढ़ ही केवल दूसरों के ज्ञान से संचालित होते हैं। जिनके पास अपनी प्रज्ञा की कसौटी है, वे तो परीक्षा करते हैं, वे तो जांचते हैं, वे तो प्रयोग करते हैं। सच को सच कहते हैं, झूठ को झूठ कहते हैं। इसलिए तो हमने ऐसे व्यक्तियों को परमहंस कहा है, क्योंकि वे दूध को जल से अलग कर देते हैं; सार को सार, असार को असार कह देते हैं।

और तुम्हारे शास्त्रों में निन्यानबे प्रतिशत असार है, एक प्रतिशत सार

है। यह भी चमत्कार है, क्योंकि एक प्रतिशत सत्य भी बच रहा है यह भी अनहोनी घटना है। यह भी कुछ कम नहीं। यह भी न होता तो कोई आश्चर्य की बात न होती। यह है, यही आश्चर्य है। क्योंकि तुम्हारे शास्त्र सदियों-सदियों तक लिखे गए हैं; और किन्हीं एक व्यक्ति ने तो लिखे नहीं हैं, न मालूम कितने व्यक्तियों ने लिखे हैं। उनमें जोड़ होता चला गया है। उनमें जानकारों के वचन हैं, उनमें अज्ञानियों के वचन हैं। उनमें प्रज्ञावानों के वचन हैं, उनमें पंडितों के वचन हैं। और आज उस खिचड़ी में से छांटना बहुत मुश्किल मामला है।

मेरा शास्त्रों में कोई रस नहीं है। हां, जरूर अगर मेरे सत्य से कोई शास्त्र अनुकूल पड़ जाता है तो मैं तुम्हें उसकी याद दिला देता हूं। जैसे कालिदास के इस वचन से मैं राजी हूं कि कोई वस्तु पुरानी होने से ही अच्छी नहीं होती। पुराना होना सत्य होने का कोई प्रमाण नहीं है। और न ही कोई वस्तु नई होने से गलत होती है। नया होना गलत होने का प्रमाण नहीं है। इससे उलटी बात भी सच है। नए होने से ही कोई बात सच नहीं होती और पुराने होने से ही कुछ गलत नहीं होती। गलत और सही का नए और पुराने से क्या लेना-देना है? शराब तो जितनी पुरानी हो उतनी अच्छी होती है और फूल जितना ताजा हो उतना अच्छा होता है। कुछ चीजें पुरानी अच्छी होती हैं, कुछ चीजें नई अच्छी होती हैं। और हमें दोनों में भेद कर लेने चाहिए। और हमारी निष्ठा सत्य के प्रति होनी चाहिए; न तो शास्त्रों के प्रति होनी चाहिए, न अतीत के प्रति होनी चाहिए।

मेरी निष्ठा अतीत में नहीं है। मेरी निष्ठा वर्तमान में है। मेरी निष्ठा शब्दों में नहीं है, अनुभूति में है। मेरी निष्ठा मन में नहीं है, ध्यान में है—अमनी दशा में है।

लेकिन ये बेचारे स्वामी अक्षयानंद महाराज जैसे लोग, इन्हें न तो कुछ पता है कि मैं क्या कर रहा हूं, क्या कह रहा हूं। न आते हैं, न सुनते हैं, न समझते हैं। अफवाहों पर जीते हैं। और अपनी मनगढ़ंत धारणाओं को मुझ पर आरोपित करते रहते हैं और फिर उन्हीं का खंडन करते रहते हैं। खुद ही धारणाएं बना लेते हैं, खुद ही उनका खंडन कर लेते हैं। खूब खेल है! जो बात मैंने कभी कही ही नहीं, वह मेरे ऊपर थोप देते हैं। खंडन करना हो तो मैं जो कह रहा हूं उसका खंडन करो। और मैं जो कह रहा हूं उसका अगर खंडन तुम करो तो तुम्हें सारे सत्यों का खंडन करना पड़ेगा। क्योंकि मैं तो सिर्फ

सत्य के अतिरिक्त और किसी चीज के प्रति श्रद्धा नहीं रखता हूं।

फिर उन्होंने यह भी कहा कि 'आचार्य रजनीश कलियुगी हैं।'

इस धारणा का भी तुम्हें विचार कर लेना चाहिए। भारत में यह धारणा है कि सबसे पहले हुआ सतयुग-स्वर्णयुग। फिर हुआ त्रेता। फिर हुआ द्वापर। फिर हुआ कलियुग। सतयुग में यूं समझो कि आदमी के चार पैर थे, त्रेता में तीन पैर, द्वापर में दो। और कलियुग में बिलकुल लंगड़ा गया है, एक ही पैर बचा।

हिंदुओं की यह धारणा ह्रास की धारणा है। पहले सब श्रेष्ठ था, फिर गिरता गया, फिर भ्रष्ट होता गया। यह धारणा ही रुग्ण है। यह रुग्णचित्त की ही प्रतीक है। मेरी धारणा उलटी है। कलियुग पहले थे, फिर आया द्वापर। लंगड़ा आदमी फिर दो पैर से खड़ा हुआ। फिर आया त्रेता। और अब है सतयुग। अब आदमी पूरा संतुलित है, पूरा प्रौढ़ है। और यही जीवन की व्यवस्था है। सारा विज्ञान मुझसे सहमत है। विज्ञान है विकासवादी और भारतीय धारणा है ह्रासवादी, विकास-विरोधी। विज्ञान है प्रगतिशील और भारत की धारणा है प्रतिक्रियावादी, अप्रगतिशील। ह्रास हो रहा है। और जब ह्रास होता हो, ऐसा हम मानकर ही बैठ गए हों, तो फिर ह्रास होगा। फिर कैसे विकास होगा? विकास आएगा कहां से? विकास करेगा कौन? हारे हुए लोग, पराजित लोग निश्चित ही ह्रासमान हो जाएंगे।

हम सदियों से गुलामी में सड़ रहे हैं, गरीबी में सड़ रहे हैं, दुख-दारिद्रय में सड़ रहे हैं। और कारण? कारण हैं हमारी धारणाएं। जब तुमने यह मान ही लिया कि आगे-आगे बात बिगड़ती ही चली जाएगी। जब तुम इस बात को बिलकुल दृढ़ता से पकड़ लिए तो जब बात बिगड़ेगी तब तुम कहोगे, हमने पहले ही कहा था कि बात तो बिगड़नी ही है, सुधारने का तो सवाल उठता ही नहीं।

यह हताशा तोड़नी है। आगे-आगे बात बिगड़ेगी क्यों? आगे-आगे बात सुधरेगी, क्योंकि सारा अनुभव हमारे पास होगा अतीत का, उस अनुभव से हम ऊपर चढ़ेंगे। उन भूलों से हम सीखेंगे। इसलिए मैं तुमसे कहता हूं कि परशुरामं जैसे व्यक्तियों क्रो हम आज भगवान नहीं कह सकते; जिस समय कहा गया होगा, कलियुग रहा होगा। जिस व्यक्ति ने इतनी हिंसा की और हत्या की, जो परशु लिए घूमता रहा और पृथ्वी को अठारह बार क्षत्रियों से नष्ट कर दिया...और इसका परिणाम तुम समझते हो क्या हुआ? सारे क्षत्रिय

तो मार डाले, लेकिन उनकी स्त्रियां बच गईं। तो व्यभिचार फैला, भ्रष्टाचार फैला, वेश्यागामी लोग हुए, क्योंकि उन स्त्रियों का क्या हो? और क्षत्रिय मिटे तो नहीं, फिर क्षत्रिय आए कहां से? जब सब क्षत्रिय अठारह बार मार डाले तो बार-बार क्षत्रिय आते कैसे रहे? ये स्त्रियां जो बच रहीं, उनसे पैदा होते रहे। इसलिए तो अब कोई क्षत्रिय नहीं है—सब खत्री हैं। क्ष कभी का ख हो चुका, खराब हो चुका। यह खत्रियों की जमात है, जो आज दुनिया में दिखाई पड़ती है। अगर परशुराम ने अठारह बार साफ ही कर दिया मामला, तो ये कोई साधारण खत्री भी नहीं हैं; अठारह बार खतम हो चुके, मगर फिर-फिर लौट आए। तो जरूर दूसरों ने लौटाया।

तो उस समय एक अच्छी प्रथा थी। कलियुग में ही हो सकती है ऐसी प्रथा। उस प्रथा को कहते थे: नियोग। कोई भी स्त्री ऋषि-मुनियों के पास जाकर निवेदन कर सकती थी कि मुझे बच्चा चाहिए और ऋषि-मुनियों का काम ही यही था कि स्त्रियों को बच्चों की जरूरत पड़ जाए, कोई विधवा हो जाए, बच्चा न हो या किसी जोड़े को बच्चा न होता हो, तो ऋषि-मुनि बेचारे सेवा कर देते थे। अरे, जो सेवा करे वह मेवा पाए! तो थोड़ा मेवा उनको मिलता था, थोड़ी सेवा वे कर देते थे। ऋषि-मुनि क्या हुए, महादेव जी के सांड हुए! ये वेटरिनरी डाक्टर तो अब जो कर रहे हैं, यह कलियुग में जब परशुराम भगवान थे तब होता ही रहा। इसको नियोग कहते थे। मगर ऋषि-मुनि जो करें सो ठीक! इसमें कुछ पाप नहीं। इस तरह क्षत्रिय फिर-फिर बनते रहे।

आज परशुराम को तुम हत्यारा कहोगे, महाहत्यारा कहोगे। चंगेजखां और तैमूरलंग और नादिरशाह और एडोल्फ हिटलर और स्टैलिन और माओत्से-तुंग सब फीके पड़ जाएंगे। ये सब मिलकर भी इतनी हत्या नहीं किए जितनी उस अकेले आदमी ने की, अगर तुम्हारे पुराणों पर भरोसा किया जाए—तो परशुराम जैसा बड़ा हत्यारा कभी हुआ ही नहीं। और जब परशुराम को भगवान माना जा सका तो तुम समझ सकते हो कि लोगों की बुद्धि क्या रही होगी, कितनी अपरिष्कृत रही होगी, कितनी जड़ रही होगी।

कृष्ण को भगवान माना जा सका, दूसरों की सोलह हजार स्त्रियां उठा लाए। इनके बच्चे तड़फे होंगे, इनके पति तड़फे होंगे, इनके परिवार नष्ट हुए होंगे। और ये स्त्रियां सब अपने मन से नहीं आ गई होंगी; इनको जबर्दस्ती छीन-झपटकर लाया गया था। और फिर भी कृष्ण को भगवान माना जा

D-2150

सका! यह कलियुग में ही संभव है। यह सतयुग में कैसे संभव हो सकता है?

और फिर कृष्ण के जीवन में ऐसा कुछ भी नहीं है, जिसमें भगवत्ता जैसी बात झलकती हो। और कृष्ण ही जिम्मेवार हैं महाभारत के। महाभारत में ही भारत की रीढ़ टूट गई, उसके बाद भारत फिर कभी उठा नहीं। जो गिरा सो आज तक नहीं उठ सका है। ये पांच हजार साल जो भारत की दुर्दशा के साल हैं, इनके लिए अगर कोई एक व्यक्ति सर्वाधिक जिम्मेवार है तो वह कृष्ण। उनको अगर भगवान माना जा सका तो जरूर लोगों की भगवान की धारणा बताती है कि लोग किस बुद्धि के रहे होंगे।

मेरे हिसाब में, मैं विकासवादी हूं, ह्रासवादी नहीं। मेरे लिए तो बाद-बाद में लोग अच्छे आए। परशुराम से बुद्ध तक आते-आते भगवत्ता निखरी। बुद्ध को भगवान कहा जा सकता है, परशुराम को नहीं। मैं कबीर को भगवान कह सकता हूं, राम को नहीं। भगवत्ता निखरती आई, निखरती आई। आज हम सतयुग में जी रहे हैं, आज पहली दफा पृथ्वी पर मनुष्य प्रौढ़ हुआ है। और आगे-आगे दिन और सुंदर होंगे। आगे-आगे और फूल खिलेंगे इस बगिया में।

और पूरा विज्ञान मेरे समर्थन में है। पूरा विज्ञान विकास की धारणा पर खड़ा हुआ है। मगर अभी भी मूढ़जन दोहराए चले जा रहे हैं कि यह कलियुग है और आशा कर रहे हैं कि और चीजें बिगड़ेंगी, और बिगड़ेंगी, सब नाश होगा। यह सड़ी-गली धारणा, यह रुग्ण-जर्जर चित्त त्याग देने योग्य है, मुक्त हो जाने योग्य है। तो मैं इस तरह की धारणाओं का समर्थन नहीं कर सकता हूं।

आनंदमूर्ति, स्वामी अक्षयानंद महाराज को कहना कि मैं उनकी हर बात से राजी हूं—अर्थात न तो मैं भारतीय संस्कृति का समर्थक हूं, न शास्त्रों का समर्थक हूं और न ही किसी को धोखा दे रहा हूं कि जो मैं सिखा रहा हूं वह भारतीय संस्कृति है, या भारतीय धर्म है। मेरी बात तो दो टूक साफ है कि जो मैं सिखा रहा हूं वह मेरा अनुभव है; उस पर मेरे हस्ताक्षर हैं; उस पर किसी की बपौती नहीं है। जो मैं सिखा रहा हूं वह शिक्षा जैसी चीज नहीं है; वह शिक्षा से बिलकुल उलटी है, विपरीत है। उसे तुम ज्ञान से मुक्ति तो कह सकते हो, लेकिन ज्ञान का देना नहीं कह सकते हो। ज्ञान दिया नहीं जाता। तुम्हारा थोथा ज्ञान गिर जाए तो तुम्हारे भीतर से ज्ञान के झरने फूटते हैं। बाहर से नहीं आता ज्ञान। ज्ञान तुम्हारा स्वभाव है।

देखा न कल, बुल्लेशाह ने कहा कि परमात्मा को क्या खोजना? अरे,

यहां का यहां! कहां जाते हो खोजने? न शास्त्रों में है, न शब्दों में है, न सिद्धांतों में है—तुम्हारे भीतर की शून्यता में है। उस शून्य को ही मैं ध्यान कहता हूं, समाधि कहता हूं, निर्वाण कहता हूं।

दूसरा प्रश्न : भगवान,
मैं प्रश्नों से भरा हूं, आप उत्तरों से।
क्या मैं आशा करूं कि आप मेरी सारी जिज्ञासाओं का समाधान कर देंगे?
यदि आप आश्वासन दें तो मैं संन्यास तक लेने को तैयार हूं।

भाईदास भाई,

भाई, कैसी बहकी-बहकी बातें कर रहे हो! संन्यास तक! जैसे कि कोई कहे कि जहर तक पीने को तैयार हूं! ऐसी झंझट में न पड़ो। अच्छे-भले आदमी, चंगे आए, चंगे ही जाओ! क्या बिगड़ना है?

और तुमसे किसने कहा कि मैं उत्तरों से भरा हूं। हां, प्रश्नों से खाली हो गया हूं। तुम प्रश्नों से भरे हो, मैं प्रश्नों से खाली हूं। उत्तरों से मैं भरा हूं, इस भ्रांति में न रहो। मैं कोई पंडित नहीं हूं। हां, तुम्हें भी प्रश्नों से खाली होना हो तो मुझसे जुड़ सकते हो—वही संन्यास है। प्रश्नों के उत्तर नहीं होते।

सदगुरु प्रश्नों के उत्तर नहीं देता है, प्रश्नों को तोड़ता है। तुम जरा गौर तो करो कि मैं तुम्हारे जो प्रश्नों के उत्तर देता हूं, वे उत्तर हैं? कि इधर से लंगड़ी मारी, उधर से एक दचका दिया, इधर खोपड़ी पर लट्ठ मारा! एक हुद्दा आगे से, एक पीछे से। इसको तुम उत्तर कहते हो? उत्तर होते हैं शास्त्रों में। यहां तो कुटाई-पिटाई हो जाती है।

और तुम कह रहे हो कि 'आप मेरी जिज्ञासाओं का समाधान कर देंगे। यदि आप आश्वासन दें...!'

गारंटी चाहते हो! एक ही बात की गारंटी दे सकता हूं कि तुम्हारे प्रश्नों को नष्ट कर दूंगा। एक-एक प्रश्न को उखाड़कर फेंक दूंगा। और उत्तर बाहर से नहीं आते। जब सारे प्रश्न गिर जाते हैं तो तुम्हारे भीतर ही उत्तरों का उत्तर, समाधानों का समाधान। इसीलिए तो हम उस अवस्था को समाधि कहते हैं, क्योंकि वह समाधानों का समाधान है। उत्तर नहीं है। जिंदगी कोई स्कूल की परीक्षा नहीं है कि प्रश्न पूछे और उत्तर दे दिए। लेकिन आदतें हमारी खराब हैं; सड़ी-गली आदतें हैं; दकियानूसी आदतें हैं।

गुलाम रूहों के कारवां में
जरस की आवाज भी नहीं है
उठो, तमद्दुन के पासबानो!
तुम्हारे आकाओं की जमीं से
उबल चुके ज़िंदगी के चश्मे
निशान सिजदों के अब जबीं से
मिटाओ, देखो छुपा न ले वो
लहू टपकता है आस्तीं से
गुलाम रूहों के कारवां में
नफस की आवाज भी नहीं है
उठो, मुहब्बत के पासबानो!
ये कोहरो-सहरा, ये दश्तो-दरिया
तुम्हारे अजदाद गा चुके हैं
यहां पे वो आतिशीं तराना
जो गर्मिए-बज़्म था, मगर अब
गुजर गया उसको इक जमाना
समंदे-अय्याम बर्क-पा है
उठो कि तारीख हर वरक पर
तुम्हारा शुभ नाम ढूंढती है
न देंगे आवाज उसके शहपर
जो वक्त उड़ता चला गया है
जमीन आंखों से मत कुरेदो
न मिल सकेंगी वो हड्डियां जो
जमीं का तारीक गहरा सीना
निगल चुका है—नया करीना
सिखाओ पामाल जिंदगी को
उठो, मजारों के पासबानो!
चलो न गर्माओ जिंदगी को
ये ढेर सूने पड़े हैं, इन पर
कहीं से दो फूल ही चढ़ाओ
गुलाम रूहों के कारवां में

जरस की आवाज भी नहीं है

यह देश क्या है—एक गुलाम रूहों का कारवां हो गया है, जिसमें कोई जीवन की घंटियां भी नहीं बजतीं!

गुलाम रूहों के कारवां में
जरस की आवाज भी नहीं है
गुलाम रूहों के कारवां में
नफस की आबाज भी नहीं है

घड़ियाल तो क्या बजेंगे, यहां सांस की आवाज तक खो गई है!

उठो, तमद्दुन के पासबानो!
हे संस्कृति के पागलो!
उठो, मुहब्बत के पासबानो!
बहुत हो चुकीं प्रेम की बातें, अब उठो!
उठो, मजारों के पासबानो!
पूज चुके कब्रों को बहुत, उठो अब थोड़े जिंदगी को जीओ।
ये ढेर सूने पड़े हैं, इन पर
कहीं से दो फूल ही चढ़ाओ

भाईदास भाई, तुम कहते हो कि प्रश्नों से भरे हो। तुम्हारे प्रश्न तुम्हारे ही प्रश्न होंगे न। और अज्ञान में क्या प्रश्न हो सकते हैं? और ज्ञान में तो प्रश्न होंगे ही क्यों? अज्ञान में व्यर्थ के कुतूहल होते हैं या चालबाजियां होती हैं या धोखा होता है या पाखंड होता है। तुम्हारे प्रश्नों में तुम्हारी ही छाप होगी न! तुम्हारे प्रश्न तुम्हारे ही प्रतिबिंब होंगे न! तुम्हारे प्रश्न आखिर तुम्हारे भीतर ही से तो आएंगे। अब बबूल में कोई गुलाब के फूल तो न लगेंगे। अब बबूल के कांटों को मैं बैठा रहूं, तोड़ता रहूं, इससे भी क्या होगा? नए कांटे उगते रहेंगे।

इसलिए मैं तो जड़-मूल से तुम्हें मिटा दूंगा। भाईदास भाई, अगर तैयारी हो बिलकुल मिटने की तो संन्यासी हो जाओ। आश्वासन एक देता हूं कि मिटाऊंगा, बिलकुल मिटा दूंगा, जड़ों से उखाड़ूंगा। कहीं कुछ शेष न रहेगा तुम्हारा तुम में। और जब तुम्हारा तुम में कुछ भी शेष न रहेगा तो पा जाओगे तुम सभी समस्याओं का समाधान।

दादा चूहड़मल फूहड़मल बीमार थे। डाक्टर के यहां गए। डाक्टर ने सब जांचा-परखा और दो दवा की गोली देकर कहा, एक सुबह एक शाम

खाना। बस एक ही दिन में बिलकुल चंगे नजर आओगे।

दादा घबराकर बोले, क्या बोले बरी डाक्टर, नंगे नजर आओगे!

डाक्टर ने कहा कि नहीं-नहीं, मैंने कहा, चंगे हो जाओगे। यानी मेरी दवा इतनी बढ़िया है कि एक ही दिन में बिलकुल ठीक हो जाओगे।

दादा बोले, अच्छा-अच्छा, यह बात है! बरी यह तो बताओ कि दवा काहे के साथ खानी है?

जवाब मिला, चाय या दूध के साथ खाइएगा। दादा को संतोष न हुआ—बरी डाक्टर हमको तो एक बात बोल दो—या चाय या दूध। हमको दोहरी बातें ठीक नहीं लगतीं।

डाक्टर ने कहा, अच्छा तो दूध के साथ गोली लीजिएगा।

दादा ने पूछा, दूध गाय का या भैंस का?

डाक्टर ने कहा, माफ करिए, मुझे और भी मरीज देखने हैं। अब आप ही अकेले तो नहीं कि आप से ही थोड़े ही सिर मारता रहूं। आपको जो दूध मिल जाए उसी के साथ ले लेना, उसमें कोई फर्क नहीं पड़ता।

दादा बोले, बरी डाक्टर, गुस्सा क्यों होते हो? हम आज पहली बार ही ऐलोपैथी का इलाज करवा रहे हैं, इसलिए सब बातें क्लियर-क्लियर जानना चाहते हैं। न हमारे घर गाय है न भैंस, बकरियां हैं। यदि बकरी के दूध के साथ गोली खा लूं तो कोई नुकसान तो नहीं है न?

उत्तर मिला, नहीं।

मगर दादा की जिज्ञासा अभी समाप्त न हुई—बरी, एक बार और बताओ न! दूध गर्म चाहिए या ठंडा?

डाक्टर ने पिंड छुड़ाने के लिहाज से कह दिया, कुनकुना।

दादा बोले, ठीक। दूध गिलास में पीना कि कटोरी में?

डाक्टर को गुस्सा आ गया—साईं अब घर भी जाइए न! आपको कुछ और काम नहीं है क्या?

दादा बोले, काम क्यों नहीं है। पर जब हमने आपको पूरी फीस दी है तो बदले में हमें भी पूरी-पूरी जानकारी तो दीजिए। बताइए कि दूध खड़े-खड़े पीना है कि बैठकर पीना है?

डाक्टर ने अपना माथा ठोंक लिया—साईं आप यह लीजिए अपनी फीस वापस। दस का नोट पकड़ाते हुए उसने कहा—खुदा के वास्ते अब मेरा पीछा छोड़िए।

दादा बोले, लेकिन बरी तुम तो नाराज होते हो। हम तो सीधा-सादा आदमी है। कभी ऐलोपैथी का इलाज नहीं करवाया, इसलिए पूछता है कि दूध खुद अपने हाथ से पीना है या मेरे मुन्ने की अम्मा यदि पिला दे तो कोई नुकसान है?

डाक्टर को भी हंसी आ गई। बोला, साईं, तुम तो बड़ा जानदार आदमी है! जा अब अपने घर और मुन्ने की अम्मा के हाथ से दूध पी।

दादा ने कहा, अच्छा तो जाता हूं बरी डाक्टर, मगर एक बात तो बताओ कि घर तक पैदल जाऊं या रिक्शे में बैठकर?

डाक्टर ने कहा, रिक्शे में जाओ, इस बुखार में पैदल चलना ठीक नहीं।

दादा डाक्टर से राम-राम बरी साईं कहकर चल दिए। डाक्टर ने संतोष की सांस ली, लेकिन आश्चर्य की बात तो तब घटी जब आधा घंटे बाद दादा लौट आए और बोले, बरी डाक्टर, तुम कैसा इंसान है! हमको यह नहीं बताया कि कौन सी गोली सुबह खानी है और कौन सी शाम को खानी है। हमारा मुन्ने की अम्मा ने हमको बहुत डांटा।

डाक्टर ने संयम साधकर कहा, यह सुबह खाइए और यह शाम को।

दादा बोले, तुम्हारी भूल के कारण हमको वापस आना पड़ा बरी, हमको फिर से घर जाने के लिए दस रुपए रिक्शा का भाड़ा दो, वर्ना हम कैसे जाएंगे?

डाक्टर ने आधा मिनट गंभीरता से सोचा और चुपचाप दस का नोट दादा के हाथ में थमा दिया, इसी में ज्यादा भलाई थी। दादा मुस्काते बाहर आए और वेटिंग रूम में बैठी अपनी बीबी को आंख मारकर बोले कि लोग कहते हैं कि 'जाको राखे साइयां, मार सके न कोय', ऐसा कहने वाले निरे मूर्ख हैं, गधे हैं। उनको कहना चाहिएः जाको लूटे साइयां, बचा सके न कोय। बीबी हंसती हुई उठी और बोली, तो फिर आज कौन से पिक्चर चला जाए मुन्ने के पापा? इस डाक्टर से आज कितने रुपए वसूल करे? अरे, बरी बोलो न!

तुम्हारी जिज्ञासाएं, भाईदास भाई, किसी काम न आएंगी। यहां तो जिज्ञासाएं तोड़नी हैं। यहां तो प्रश्न गिराने हैं। उत्तर मेरे पास कोई नहीं है। उत्तरों का उत्तर है, और वह तुम्हारे भीतर है; उसे खोजने का रास्ता बता सकता हूं।

आखिरी प्रश्न : भगवान,
मैं संन्यासी क्या हो गया हूं, लोग मुझे पागल समझने लगे हैं—अपने ही लोग।
मैं जीवन में पहली बार आनंदित हूं और मेरे परिवार के लोग दुखी।
यह पहेली मेरी कुछ समझ में नहीं आती।
वे यदि मुझे प्रेम करते हैं, जैसा कि वे कहते हैं, तो उन्हें भी आनंदित होना चाहिए न!

कृष्णप्रेम भारती,

इसमें कुछ पहेली नहीं। बात बिलकुल सीधी है। प्रेम के नाम पर और सब चलता है, प्रेम नहीं। प्रेम के नाम पर बहुत कुछ चलता है—प्रेम को छोड़कर। बातें करते हैं लोग कि हम चाहते हैं तुम आनंदित होओ; मगर जब तुम आनंदित होओगे तब तुम अड़चन अनुभव करोगे। क्योंकि जैसे ही तुम आनंदित हुए कि लोगों को तुम कांटे की तरह गड़ोगे और खटकोगे। तुम तो फूल बनोगे, मगर लोगों के लिए कांटों की तरह अटकोगे, गड़ोगे। क्यों? क्योंकि वे दुखी हैं। और तुम्हें आनंदित देखकर ईर्ष्या जगती है, वैमनस्य पैदा होता है, वैर जगता है। तुम्हें आनंदित देखकर वे यह नहीं मान सकते कि तुम सच में आनंदित हो गए हो। वे यही मानेंगे कि तुम पागल हो गए हो। और अगर तुम फिर भी उनकी न सुने और दुखी न हुए जैसे कि वे दुखी हैं, अगर तुम उन जैसे ही नहीं हो गए, उनकी ही भीड़ में सम्मिलित नहीं हो गए, तो फिर वे तुम्हें जितना भी कष्ट दे सकते हैं, वह भी देंगे। और कहेंगे यही कि तुम्हारे भले के लिए दे रहे हैं कि तुम पागल जो हो गए हो।

संन्यास आनंदित तो करेगा और आनंदित होने में खतरे आते हैं।

एक बार पहले भी नग्मा-बार थीं शाखें
बर्गो-बार आए थे, नख्ल फूल लाया था
लद गई थीं फूलों से खाके-बेसरो-सामां
एक बार पहले भी मैंने घर बसाया था
एक बार पहले भी मैंने घर सजाया था
एक बार पहले भी काफिले बहारों के
ओढ़कर रु-ए-गुल इस तरफ से गुजरे थे
आप ही न जाने क्यों बुझ गए दीए घर के
एक शोला-ए-गम से खाक हो गई महफिल
नेशे-खार फूलों के दिल में चुभ गया जाकर

काफिले बहारों के लुट गए सरे-मंजिल
एक बार पहले भी तीरगी के दामन में
मर्गे-नग्मा-ओ-गुल पर आंसुओं से खेला हूं
आज तुमने फिर आकर सब दीए जलाए हैं
गमकदे की दीवारें जगमगा उठी हैं फिर

संन्यास तो तुम्हारे जीवन में एक दीया है। संन्यास तो तुम्हारे कारागृह में खुले आकाश का आगमन है। संन्यास तो तुम्हारे दुख से भरी हुई दुनिया में आनंद की बरखा है।

मैं न तो तुमसे कहता हूं परमात्मा को खोजो, न तुमसे कहता हूं मोक्ष को खोजो। मैं तो तुमसे कहता हूं कि तुम अगर अभी शांत हो जाओ तो मोक्ष तुम्हारे भीतर उतर आता है और परमात्मा तुम्हें खोजता चला आता है।

संन्यस्त होते ही तुम्हारे जीवन की शैली बदलती है, नया घर बसता है। यूं तुमने बहुत घर बसाए पहले भी, मगर ऐसा घर कभी नहीं बसाया पहली बार तुम्हारा घर मंदिर बनता है। पहली बार तुम्हारे जीवन में संगीत-बजता है और पहली बार तुम्हारे जीवन में फूल आते हैं, पहली बार मधुमास उतरता है!

निश्चित ही चारों तरफ ईर्ष्या जगेगी, चारों तरफ विरोध होगा। दुखी लोग चाहते हैं कि तुम भी दुखी रहो। दुखी आदमी के साथ उन्हें कोई अड़चन नहीं। सच तो यह है, दुखी आदमी को देखकर उन्हें अच्छा लगता है कि वे इतने दुखी नहीं जितने दुखी तुम हो—तुलना में। उनको लगता है हम अच्छी हालत में हैं। इसलिए दुखी आदमी से हर आदमी सहानुभूति दिखाता है और सुखी आदमी से हर आदमी ईर्ष्या करता है। यह गणित बहुत सफ है, इसमें उलझन कुछ भी नहीं।

तुम जब दुखी आदमी से सहानुभूति दिखाते हो, तब जरा भीतर गौर करना तुम्हारे भीतर सुख आ रहा है। क्योंकि अगर तुम सच में ही दुखी आदमी के दुख में सहानुभूति प्रगट करते हो तो सुखी आदमी के सुख में तुम्हें उत्सव भी मनाना चाहिए; वह कठिन है। तुमसे बहुत बार कहा गया है, सदियों-सदियों में कहा गया है कि दुखी आदमी के साथ सहानुभूति प्रगट करो। मैं तुमसे कहता हूं: सुखी आदमी के उत्सव में उत्सव मनाओ, तब मैं समझूंगा कि तुम धार्मिक हो। वह तो कोई भी मूढ़ कर लेत है। वह तो कोई भी बेईमान कर लेता है। दुखी आदमी के दुख में सहानुभूति प्रगट करने में अहंकार को तृप्ति मिलती है, मजा आता है।

किसी के घर में आग लग जाती है तो तुम सब इकट्ठे हो जाते हो सहानुभूति प्रगट करने, कि बहुत बुरा हुआ भाई, कैसा दुर्भाग्य! ऐसा नहीं होना था। कैसे हो गया! तुम्हारी आंखों में आंसू दिखाई पड़ते हैं, लेकिन भीतर तुम्हारे रस बह रहा है। और जब तुम्हारे पड़ोस में कोई आदमी एक नया आलीशान मकान बनाता है, तब तुम प्रसन्न होते हो? अगर सच में ही तुम किसी के मकान में लगी आग के कारण दुखी हुए थे, तो किसी के बने नए मकान को देखकर तुम्हें भी नाच उठना चाहिए। लेकिन कोई नाच नहीं उठता, ईर्ष्या भरती है। तुम उस रास्ते से निकलना छोड़ देते हो; तुम दूसरे रास्ते से, लंबे रास्ते से चले जाते हो। तुम्हें उसके महल देखकर पीड़ा उठती है, घाव तुम्हारे ताजे हो जाते हैं कि अरे, मैं कुछ न कर पाया और इस आदमी ने मकान बना लिया!

मैं तुमसे कहता हूं, फिर से कहता हूं: सच्चा धार्मिक आदमी दूसरे के सुख में सुखी होने की कला जानता है। और जो दूसरे के सुख में सुखी हो सकता है, उसकी ही सहानुभूति सार्थक है, अन्यथा बेईमानी है।

तुम आनंदित हो रहे हो कृष्णप्रेम भारती, इससे तकलीफ तो आएगी। आनंदित होना इस दुनिया में बड़ी खतरनाक बात है। जहां हजारों-हजारों वृक्षों पर फूल न हों, वहां एक वृक्ष पर फूल आ जाएं तो सारे वृक्ष टूट पड़ेंगे उस वृक्ष पर, तोड़ डालेंगे उसे। सारे वृक्ष कुल्हाड़ियां उठा लेंगे, काट डालेंगे उसे। इसीलिए तो तुमने सुकरात को जहर पिलाया। इसीलिए तुमने जीसस को सूली पर लटकाया। इसीलिए तो सरमद की गर्दन काटी। क्या कारण था? इनका क्या कसूर था?

इनका एक ही कसूर था, इनका एक ही गुनाह था कि ये आनंदित थे, ये परम आनंदित थे, ये आह्लादित थे, ये नाच उठे थे। और तुम लंगड़े हो; नाच तो दूर, तुम चल भी नहीं पाते। तुम्हें तो बैसाखियां चाहिए। और जब बैसाखियां लिए हुए लोग किसी को नाचता हुआ देखें तो अपनी बैसाखियों से ही उसका सिर तोड़ देंगे।

कायनाते-दिल में ये गाता हुआ कौन आ गया
हर तरफ तारे से बरसाता हुआ कौन आ गया
चार जानिब फूल बिखराता हुआ कौन आ गया
ये मुझे नींदों से चौंकाता हुआ कौन आ गया
मीठी-मीठी आग एहसासात में जलने लगी

रूह पर लिपटी हुई जंजीरे-गम गलने लगी
जिंदगी की शाखे-मुर्दा फूलने-फलने लगी
नकहतों से चूर शर्मीली हवा चलने लगी
दहर में मस्ती को नहलाता हुआ कौन आ गया
जर्रा-हाए-खाक तारों की खबर लाने लगे
आस्मानों पर धनुक के रंग लहराने लगे
नख्ल अपनी शाने-रानाई पे इतराने लगे
सर्द झोंके डालियों के साज पर गाने लगे
कल्बे-आलम को ये तड़पाता हुआ कौन आ गया
जिंदगी की तल्खियां इक ख्वाब होकर रह गईं
शौक की गहराइयां पायाब होकर रह गईं
काली रातें रूकशे-महताब होकर रह गईं
सुस्त नब्जें रेशा-ए-सीमाब होकर रह गईं
बर्क की मानिंद लहराता हुआ कौन आ गया
चुन लिए किसने मेरी पलकों से अश्कों के शरार
किसने अपने कल्ब से भींचा है मेरा कल्बे-जार
छट गए जज्बात पर छाए हुए गहरे गुबार
मुड़ गई अफ्कार में चुभती हुई इक नोके-खार
बीती घड़ियों को ये लौटाता हुआ कौन आ गया
जो कभी तारों में जाकर झिलमिलाया, वो न हो
जो कभी फूलों में छिपकर मुस्कुराया, वो न हो
जो दूर रहकर भी रग-रग में समाया, वो न हो
जो मेरे अब तक बुलाने पर न आया, वो न हो
ये लजाता, रुकता, बल खाता हुआ कौन आ गया
ये तो खुद मेरे तसव्वुर का है इक अक्से-जमील
ये तो दिल की धड़कनों में हो रही है कालो-कील
आह लेकिन ये रुखे-पुरनूर ये चश्मे-कहील
लड़खड़ाती चाल में पिनहां खिरामे-रोदे-नील
आईना-सा मुझको दिखलाता हुआ कौन आ गया

संन्यास तो आईना है। संन्यास तो वही है जो तारों में झिलमिलाता है, जो फूलों में मुस्कुराता है। संन्यास सूरज की किरण है, चांद की चांदनी है।

संन्यास इंद्रधनुषों का रंग है। संन्यास दीए की ज्योति है; दीयों का उत्सव है, दीवाली है। संन्यास होली भी है, दीवाली भी।

और चारों तरफ से विरोध होगा। लेकिन इस विरोध से कृष्णप्रेम भारती, घबड़ाना मत। दुनिया पागल कहे, हंसकर टाल जाना।

भोर आ गई
अंधियारे का दर्पन टूटा पूरब ने पौ बरसाई
अंगारे का झूमर पहने ऊषा ने ली अंगड़ाई
जंगल महके, पंछी चहके, लहकी बहकी पुरवाई
भोर आ गई, भोर आ गई
रुकी-रुकी सी, झुकी-झुकी सी, दुखी-दुखी सी आशाएं
मचल-मचलकर उछल-उछलकर, गगन-झरोके छू आएं
मन में सपनों की महारानी मन ही मन में इतराई
भोर आ गई, भोर आ गई
धुआंधार पच्छम की बस्ती, धड़-धड़ पूरब देश जले
सूरज देवता घात लगाए, रात की देवी हाथ मले
किरनों की गोपी कुहरे में कांप-कांप के चिल्लाई
भोर आ गई, भोर आ गई

एक सुबह का पदार्पण हुआ है तुम्हारे जीवन में। और जो रात के अंधेरे में भटक रहे हैं, नाराज होंगे, निंदा करेंगे, गालियां देंगे।

मगर उनकी गालियों को अभिशाप न समझना; उनकी गालियां सूचनाएं हैं कि तुम्हारी जिंदगी में सुबह की पहली-पहली किरणें फूटने लगीं। उनकी गालियां भोर होने की खबर दे रही हैं। वे तुम्हें पागल कहें, चुपचाप स्वीकार कर लेना। वे तुम्हारी निंदा करें, आनंदमग्न हो सुन लेना। तुम अपनी मस्ती की चिंता करो। तुम उनकी फिक्र ही न लो। यूं ही हुआ है, यूं ही आगे होता रहेगा।

आनंद मैत्रेय ने पूछा है—
भगवान, स्वर्गीय श्री रामधारी सिंह दिनकर बहुत मेधावी, संवेदनशील
और भावप्रवण कवि थे और आपके प्रेमियों में से थे।
उन्नीस सौ अड़सठ में जब पहली दफा उन्होंने पटना में आपका प्रवचन सुना
तो वे बहुत चिंतित हो उठे और उसी दिन उन्होंने मुझसे कहा कि
'तुम्हारे रजनीश जी बिलकुल सुकरात की भांति बोलते हैं
और मुझे डर है कि लोग उनकी हत्या कर देंगे। तुम उन्हें सचेत कर दो।'
मुझे उस समय उनकी यह बात बहुत जंची नहीं और मैंने उनसे कहा कि
आप खुद उनसे मिलकर यह कहें तो अच्छा है।
पता नहीं कि दिनकर जी ने आपसे यह बात कही या नहीं,
लेकिन मैं विस्मित हूं कि इधर कुछ दिनों से मुझे उनकी यह चौदह वर्षों की
भूली-बिसरी बात बार-बार स्मरण आती है।
भगवान क्या इस पर कुछ कहने की अनुकंपा करेंगे?

आनंद मैत्रेय,

उन्होंने मुझे भी कहा था। एक बार नहीं, कम से कम चार बार कहा था। जब भी मिले तभी कहा था। और मैंने उनको कहा कि इसमें चिंता होने की क्या बात है? इसमें परेशान होने की क्या बात है? सुकरात जैसा भाग्य तो कम ही लोगों को मिलता है और उस भाग्य में जहर भी जुड़ा हुआ है। जीसस जैसा जीवन तो कम ही लोगों को मिलता है और उस जीवन में सूली अनिवार्य है। और सरमद होने में या अलहिल्लाज मंसूर होने में क्या चिंता? यूं तो आदमी को मरना ही होता है, आज नहीं कल। मृत्यु तो कोई विचारणीय बात नहीं है। लेकिन अगर सरमद की मौत मिले या सुकरात की, तो धन्यभाग है।

आनंद मैत्रेय, उन्होंने ठीक ही कहा था। और यह बात तुम्हें अब भी याद आती है चौदह वर्षों बाद, स्वाभाविक है, क्योंकि अब मैं और अपनी तलवार पर धार रख रहा हूं। यह धार बढ़ती रहेगी, बढ़ती रहेगी। मैं तो चोट गहन करता जाऊंगा। मेरे संन्यासियों को भी इसके लिए धीरे-धीरे तैयारी करनी चाहिए।

इसलिए तुमने जो पूछा है, कृष्णप्रेम भारती, लोग पागल कहेंगे, शायद लोग पत्थर मारेंगे। लेकिन पत्थरों को फूल समझना और उनके पागल कहने को समझना कि अब तुम परमहंस हुए। यही उन्होंने सदा किया है, यही वे आज भी कर रहे हैं, यही संभावना है कि वे कल भी करेंगे। वे अगर अपनी मूढ़ता से बाज नहीं आते, तो क्या हम अपने बुद्धत्व से बाज आ जाएं?

आज इतना ही।

5

बुद्धत्व आकाश-कुसुम है

पहला प्रश्न : भगवान,
श्रुतिः विभिन्ना स्मृतयश्च भिन्ना,
न एको मुनिर्यस्य वचः प्रमाणम्।
धर्मस्य तत्वं निहितं गुहायाम्
महाजनो येन गतः स पंथाः।।
'अर्थात श्रुतियां विभिन्न हैं, स्मृतियां भी भिन्न हैं और एक भी मुनि के वचन प्रमाण नहीं हैं। धर्म का तत्व तो गहन है। इसलिए उसे जानने के लिए तो महाजन जिस मार्ग पर चलते हैं, वही केवल मार्ग है।'
भगवान, महाजन की पहचान क्या है? उनके मार्ग पर चलने का अर्थ क्या है? समझाने की अनुकंपा करें।

आनंद किरण,

यह सूत्र अत्यंत सारगर्भित है। श्रुतिः विभिन्ना...। शास्त्र दो प्रकार के हैं—एक श्रुति और एक स्मृति। श्रुति का अर्थ होता है प्रबुद्ध पुरुष से सीधा-सीधा सुना गया। जिन्होंने गौतम बुद्ध के पास बैठकर सुना और उसे संकलित किया, वह श्रुति। जो महावीर के पास उठे-बैठे, जिन्होंने कबीर का सत्संग किया; जीवंत गुरु के पास जिन्होंने प्रेम के सेतु बनाए; जिन्होंने समर्पण किया—और सुना; जिन्होंने अपने को बाद दी—और सुना; जिन्होंने अपनी बुद्धि को एक तरफ रख दिया हटाकर—और सुना; जिन्होंने स्वयं के तर्क को बाधा न देने दी, स्वयं की जानकारियों को बीच में न आने दिया—और सुना; इस तरह जो शास्त्र संकलित हुए, वे हैं श्रुतियां। लेकिन फिर श्रुतियों को सुनकर जिन्होंने समझा, जैसे बुद्ध को आनंद ने सुना और बुद्ध के वचन संकलित किए...इसलिए सारे बुद्ध-शास्त्र इस वचन से शुरू होते हैं: मैंने ऐसा सुना है। आनंद यह नहीं कहता कि मैं ऐसा जानता हूं; इतना ही कहता है कि मैंने ऐसा सुना है। पता नहीं ठीक भी हो, ठीक न भी हो। पता नहीं मैंने कुछ बाधा दे दी हो। मेरे विचार की कोई तरंग आड़े आ गई हो। पता नहीं मेरा मन धुंधवा गया हो। मेरी आंखों में जमी धूल कुछ का कुछ दिखा गई हो। मैंने कोई और अर्थ निकाल लिए हों, कि अर्थ का अनर्थ हो गया हो। इसलिए पता नहीं बुद्ध ने

क्या कहा था; इतना ही मुझे पता है कि ऐसा मैंने सुना था।

यह बड़े ईमानदारी का वचन है कि मैंने ऐसा सुना है। नहीं कि बुद्ध ने ऐसा कहा है। बुद्ध ने क्या कहा था, यह तो बुद्ध जानें, या कभी कोई बुद्ध होगा तो जानेगा। लेकिन फिर आनंद ने जो संकलित किया, आज उसे भी ढाई हजार वर्ष हो गए। उसको लोग पढ़ रहे हैं, गुन रहे हैं, मनन कर रहे हैं, चिंतन कर रहे हैं, उस पर व्याख्याएं कर रहे हैं। ये जो शास्त्र निर्मित होते हैं, ये स्मृतियां।

ये तो जैसे कि कोई आकाश का चांद झील में अपना प्रतिबिंब बनाए और तुम झील को भी दर्पण में देखो तो तुम्हारे दर्पण में भी चांद का प्रतिबिंब बने—प्रतिबिंब का प्रतिबिंब। श्रुति तो ऐसे है जैसे चांद झील में छा गया और स्मृति ऐसे है जैसे झील की तस्वीर उतारी, कि झील को दर्पण में बांधा। स्मृति दूर की ध्वनि है, और दूर हो गई। श्रुति भी दूर है, पर बहुत दूर नहीं; कम से कम गुरु और शिष्य के बीच सीधा-सीधा संबंध है। कुछ तो बात पते की कान में पड़ ही गई होगी। सौ बातों में एक बात तो सार की पकड़ में आ ही गई होगी। किसी संधि से, किसी द्वार से, किसी झरोखे से कोई किरण तो उतर ही गई होगी। लेकिन स्मृति तो बहुत दूर है—प्रतिध्वनि की प्रतिध्वनि है।

यह सूत्र कहता है : श्रुतिः विभिन्ना...।

यूं तो सुनने में ही बात बड़ी भिन्न-भिन्न हो जाती है। अब जैसे तुम मुझे यहां सुन रहे, जितने लोग सुन रहे, उतनी श्रुतियां हो गईं। मैं तो जो कह रहा हूं, एक ही बात कह रहा हूं। लेकिन तुम सुनने वाले तो अनेक हो, तुम्हारी अलग पृष्ठभूमि है, तुम्हारी अलग धारणा हैं, अलग विचार हैं। तुम अपने-अपने ढंग से सुनोगे। तुम्हारा ढंग, तुम्हारी शैली निश्चित रूप से जो तुम सुनोगे उसे प्रभावित करेगी। हिंदू एक ढंग से सुनेगा, जैन दूसरे ढंग से, बौद्ध तीसरे ढंग से। दुनिया में तीन सौ धर्म हैं और तीन सौ धर्मों के कोई तीन हजार संप्रदाय हैं और तीन हजार संप्रदायों के कोई तीस हजार उपसंप्रदाय हैं। तुम अपनी-अपनी धारणाओं के जाल में बंधे हो। मेरी बात तुम तक पहुंचेगी, पहुंचते-पहुंचते कुछ की कुछ हो जाएगी। आस्तिक सुनेगा एक ढंग से, नास्तिक सुनेगा और ढंग से; दोनों के पास कान एक जैसे हैं, मगर कानों के भीतर बैठा हुआ मन और मन के संस्कार तो भिन्न-भिन्न हैं।

बुद्ध ने एक दिन कहा कि तुम जितने लोग हो उतने ही ढंग से मुझे सुन रहे हो, उतने ही ढंग से मेरी व्याख्या कर रहे हो। आनंद ने रात्रि उनसे पूछा

कि मैं समझा नहीं। आप अकेले हैं, जो आप बोलते हैं हम वही तो सुनते हैं। अन्य कैसे हो जाएगा, भिन्न कैसे हो जाएगा?

बुद्ध ने तीन नाम दिए आनंद को और कहाः कल इन तीनों से पूछना कि क्या सुना था। मैंने जब प्रवचन पूरा किया था और अंतिम बात कही थी। रोज अपने प्रवचन के अंत पर बुद्ध कहते थे—अब रात बहुत हो गई, अब जाओ रात्रि का अंतिम कार्य करो। यह केवल एक संकेत था भिक्षुओं को कि अब जाओ, सोने के पहले ध्यान में उतरो और ध्यान में उतरते-उतरते ही निद्रा में लीन हो जाओ। क्योंकि सुषुप्ति में और समाधि में बहुत भेद नहीं है। सुषुप्ति मूर्च्छित समाधि है। समाधि जाग्रत सुषुप्ति है। इसलिए नींद को समाधि में बदल लेना सबसे सुगम उपाय है आत्मसाक्षात्कार का। जरा सी बात जोड़नी है।

सुषुप्ति का अर्थ है जब स्वप्न भी नहीं रह जाते, ऐसी गहन निद्रा। जब सारे स्वप्न भी तिरोहित हो गए, जहां स्वप्न भी न बचे, विचार भी न बचे, वासना भी न बची, वहां मन भी न बचा, तो अ-मनी दशा हो गई। लेकिन बेहोशी है, होश नहीं है। सन्नाटा है, गहन शांति है, प्रगाढ़ मौन है। लेकिन काश, एक दीया और जल जाता, जरा सा होश और होता! काश, हम इस प्रगाढ़ शांति को देख भी लेते, पहचान भी लेते! काश, हम जागे-जागे इसका अनुभव भी कर लेते! इसलिए नींद के पहले का ध्यान सर्वाधिक महत्वपूर्ण है। उसमें जो गहरा उतर जाए तो रातभर एक अखंडित धारा शून्य की भीतर बहती चली जाती है, ज्योति जलती रहती है। उस ज्योति में पहले सपने दिखाई पड़ते हैं, फिर सपने खो जाते हैं, फिर सुषुप्ति दिखाई पड़ती है। और जब सुषुप्ति दिखाई पड़ती है तो वही समाधि है। देखने वाला मौजूद हो तो सुषुप्ति समाधि है।

इसलिए बुद्ध ने—रोज-रोज क्या कहना कि अब ध्यान करो, इतना ही कह देते थे प्रतीक कि अब जाओ रात्रि का अंतिम कार्य—अब दिवस पूरा हुआ, अब आखिरी काम कर लो और सो जाओ। उसको करते-करते ही सो जाओ।

बुद्ध ने आनंद से कहाः कल तू, तीन व्यक्ति हैं, इनसे पूछ लेना कि उन्होंने क्या समझा जब मैंने यह वचन कहा था। वे मेरे तीनों सामने ही बैठे हुए थे और तीनों को देखकर ही मैंने समझा कि उन्होंने अलग-अलग समझा है।

आनंद ने कल उन तीनों को पकड़ा और पूछा, और कहा कि बुद्ध ने

ही ये नाम दिए हैं, इसलिए सच-सच कहना। मैं नहीं पूछ रहा हूं, जैसे उन्होंने ही पुछवाया है।

थोड़ा तो संकोच हुआ उन तीनों को, लेकिन फिर जब बुद्ध ने ही पुछवाया था तो अपना हृदय उघाड़ दिया। उनमें एक था भिक्षु—गहन साधना में लीन। उसने कहा, और क्या समझूंगा! यही समझा कि अब जाऊं, ध्यान में डूबूं और ध्यान में डूबा-डूबा ही निद्रा में उतर जाऊं। यही समझा। यही बुद्ध ने कहा था।

दूसरे से पूछा; वह एक चोर था। उसने कहा, छिपाना क्या, छिपाऊं कैसे? बुद्ध स्वयं पूछते हैं तो सत्य कहना ही होगा। जब बुद्ध ने यह वचन कहा तो मुझे याद आया कि अरे, रात गहरी होने लगी, मेरे काम का समय हुआ, अब जाऊं, चोरी वगैरह करके जल्दी घर लौटूं और सोऊं।

और तीसरी एक वेश्या थी। और जब आनंद ने उससे पूछा तो वह बहुत सकुचाई, बहुत लजाई। बड़ी प्रसिद्ध वेश्या थी—आम्रपाली, जो बाद में बुद्ध की भिक्षुणी बनी। बुद्ध की भिक्षुणी बनी, इससे ही जाहिर होता है कि एक प्रामाणिक स्त्री थी। सकुचाई जरूर, लेकिन फिर भी सत्य उसने कहा। उसने कहा कि छिपाना कैसे, छिपाना नहीं हो सकता। उन्होंने पूछा है तो वही कहना होगा जो मेरे भीतर हुआ था। यही हुआ कि अब जाऊं, अपने व्यवसाय में लगूं। मेरा व्यवसाय तो वेश्या का व्यवसाय है।

तो एक ध्यान में लगा, एक चोरी करने निकल गया, एक अपनी वेश्यागिरी में संलग्न हो गई। और बुद्ध ने तो एक ही बात कही थी।

श्रुतिः विभिन्ना।

जितने सुनने वाले लोग हैं उतने ही अर्थ हो जाएंगे।

स्मृतयश्च भिन्ना।

और स्मृतियों का तो कहना ही क्या! वह तो मूलस्रोत से और भी बहुत दूर की बात हो गई। मैंने तुमसे कही, तुमने किसी और से कही, उसने किसी और से कही; फिर बात का बतंगड़ हो जाता है। बात न भी हो तो बतंगड़ हो जाता है। चिंदी का सांप हो जाता है, कुछ का कुछ होने लगता है। और सदियां बीत जाती हैं और लोग स्मृतियों को पीढ़ी दर पीढ़ी एक दूसरे को देते चले जाते हैं और हर पीढ़ी उसमें कुछ जोड़ती चली जाती है। हर पीढ़ी उसको वैसा ही थोड़े ही लेती है।

एक स्त्री अपनी पड़ोसिन को, झगड़ा हो गया था दो महिलाओं का,

उसकी बात बता रही थी। पड़ोसिन रस से सुन रही थी। फिर उस स्त्री ने कहा, अब मैं जाऊं, पति के घर आने का समय हुआ।

लेकिन पड़ोसिन ने कहा, कुछ और तो बताओ।

वह स्त्री बोली कि सच तो यह है कि जितना मैंने सुना उससे ज्यादा तो मैं पहले ही बता चुकी। अब और क्या बताना। जितना मैंने सुना उससे ज्यादा तो मैं पहले ही बता चुकी।

तुम जब कुछ बात किसी से कहते हो तो कुछ तो जोड़ ही देते हो, कुछ काट देते हो, कुछ संवार देते हो, कुछ रंग भर देते हो अपने। तो स्मृतियां तो फिर और बहुत हो जाएंगी।

यह सूत्र अदभुत है : श्रुतिः विभिन्ना स्मृतयश्च भिन्ना।

श्रुतियां विभिन्न हैं, स्मृतियां भी भिन्न हैं। इसलिए श्रुतियों और स्मृतियों में अगर तुमने धर्म खोजा, कभी न पा सकोगे। सत्य खोजा, कभी न पा सकोगे। सावधान! यह सूत्र सावचेत कर रहा है। सजग रहना। शब्दों में मत उलझ जाना। शब्दों के बड़े जंगल हैं, सिद्धांतों के बड़े मरुस्थल हैं। उनमें खो गए तो लौटना मुश्किल हो जाता है। अपने ही घर लौटना मुश्किल हो जाता है।

और एक भी मुनि के वचन भी प्रमाण नहीं है। लेकिन कोई कहे कि चलो, नहीं शब्दों में खोएंगे, नहीं शास्त्रों में, न स्मृतियों में, न श्रुतियों में; लेकिन किसी महात्मा के, किसी मुनि के वचन पर तो भरोसा कर सकते हैं; किसी जानने वाले की बात पर तो विश्वास कर सकते हैं। सूत्र कह रहा है : यह भी नहीं, यह भी नहीं। क्योंकि विश्वास अनुभव नहीं है। तुम जिसको मान लोगे, पहले तो तुमने उसे माना क्यों? तुम्हारी धारणाएं, तुम्हारी धारणाओं में अनुकूलता आ गई होगी, उस व्यक्ति के और तुम्हारी धारणाओं के बीच कुछ अनुकूल पड़ गया होगा। जैसे कि कोई जैन रामकृष्ण को परमहंस नहीं मान सकता; मछली खाते देखे और परमहंस माने, असंभव है। एक जैन भी रामकृष्ण के पास नहीं पहुंचा। कैसे पहुंचता!

कल ही मुझे एक जैन महिला का बड़ा लंबा पत्र मिला है। बड़ी ज्ञानी महिला होगी। सारे जैन शास्त्रों का सार निचोड़ कर रख दिया है। लिखा है कि आपकी बातें बहुत प्यारी लगती हैं, लेकिन आप महावीर जैसे वीतराग पुरुष के साथ कृष्ण का, क्राइस्ट का, मोहम्मद का, बुद्ध का, इनका नाम क्यों ले देते हैं। वीतराग ही केवल भगवान है। वीतरागता ही एकमात्र कसौटी है। वीतरागता की कसौटी पर राम तो न उतरेंगे, कृष्ण तो न उतरेंगे। कृष्ण और

राम की तो बात ही छोड़ दो, बुद्ध भी नहीं उतरते, क्योंकि बुद्ध भी कम से कम वस्त्रों का तो उपयोग करते हैं, भिक्षापात्र तो रखते हैं—इतना राग तो है, इतना परिग्रह तो है। महावीर दिगंबर हैं, करपात्री हैं, हाथ से ही भोजन लेते हैं; लंगोटी भी नहीं। दिगंबरत्व वीतरागता का प्रमाण है।

तो इस स्त्री को अड़चन हो रही कि कैसे मोहम्मद का नाम लेते हो—मोहम्मद, जो कि तलवार लिए हैं। कृष्ण जो कि सभी तरह के राजनैतिक दांव-पेंचों में उलझे हैं। राम, जो कि युद्ध पर निकले हैं। यह सब माया-मोह है। यह तो राग का ही जाल है।

उस बेचारी को मेरी बातें प्रीतिकर लगती हैं लेकिन अड़चन सिर्फ एक आ जाती है कि मैं महावीर के साथ कभी बुद्ध का, कभी महावीर का, कभी जरथुस्त्र का, कभी लाओत्सु का, कभी मोहम्मद का साथ-साथ उल्लेख कर देता हूं, उससे ही कष्ट हो जाता है।

अब अपनी धारणा के अनुकूल जो होगा, तुम उसी को तो मुनि कहोगे। तुम्हारी धारणा के जरा अनुकूल न हुआ कि मुनि न हुआ। तुम ही निर्णायक हो। तुम्हारे पास कसौटी है। फिर किसको मुनि कहो? और अड़चन इसलिए भी आ जाएगी कि प्रत्येक मुनि के वचन भिन्न हैं, प्रत्येक ने अपने ढंग से कहा, अपने रंग से कहा। प्रत्येक की अपनी अद्वितीयता है, अपनी मौलिकता है और तुम्हारे सड़े-गले ढांचों में कोई जिंदा, कोई जीवंत बुद्ध, कोई जीवंत जिन नहीं बैठ सकता। तुम्हारे ढांचे मुर्दों के आधार पर बनते हैं और तुम जिंदा लोगों को उन ढांचों पर बिठाना चाहो, यह संभव नहीं है।

फिर यह भी तो हो सकता है कि कोई कहता हो कि मैंने जाना, लेकिन विक्षिप्त हो या बेईमान हो। क्या प्रमाण कि उसने जाना? क्योंकि जानने वालों की बातें इतनी भिन्न हैं कि प्रमाण कैसे मानो? कृष्ण तो मानते हैं परमात्मा में भी, आत्मा में भी। महावीर परमात्मा में नहीं मानते, सिर्फ आत्मा में मानते हैं। और बुद्ध तो न परमात्मा में मानते, न आत्मा में मानते। फिर क्या करोगे? किस मुनि का वचन प्रमाण होगा? और एक भी मुनि का वचन प्रमाण नहीं।

न एको मुनिर्यस्य वचः प्रमाणम्।

फिर वचन प्रमाण हो भी कैसे सकता है? क्योंकि सत्य विराट है और शब्द बहुत छोटे हैं। सत्य शब्दों में समाता नहीं। कहो, लाख कहो, फिर भी अनकहा रह जाता है। सत्य है आकाश जैसा और शब्द तो छोटे-छोटे घरघूले हैं। सत्य है सागर जैसा और शब्द तो छोटी-छोटी बूंदें भी नहीं। तो वचन

कैसे प्रमाण होंगे? वचन प्रमाण नहीं हो सकते। सच तो यह है सत्य का सिवाय अनुभव के और कोई प्रमाण नहीं होता। और अनुभव अपना हो तो ही प्रमाण होता है। पर-अनुभव कैसे प्रमाण हो सकता है? लाख कोई सिर पटके और कहे कि मैंने परमात्मा देखा है। लेकिन तुम्हें कैसे भरोसा आए? या आदमी आत्मवंचना में हो सकता है या दूसरों को वंचना में डाल रहा हो सकता है। खुद सम्मोहित हो गया हो किसी धारणा से।

और इस तरह के लोग हैं जो कृष्ण को भजते हैं, निरंतर भजते रहते हैं, उनको कृष्ण दिखाई पड़ने लगते हैं। उनका ही प्रक्षेपण है। उनकी ही कल्पना है। कहां कौन कृष्ण हैं? क्राइस्ट को भजने वाले को कृष्ण कभी प्रकट नहीं होते, उसे क्राइस्ट दिखाई पड़ते हैं। और कृष्ण के भजने वाले को क्राइस्ट कभी दिखाई नहीं पड़ते। कभी भूल-चूक से अगर ये आ भी जाएं बीच में तो कहेगा—धत तेरे की, हटो! कहां बीच में आ रहे हो? नहाएगा, धोएगा, गंगा-जल से अपने को स्वच्छ करेगा।

जैन विचार-सरणी के अनुसार तीर्थंकर को कांटा भी नहीं चुभ सकता है, क्योंकि उनके सारे पाप समाप्त हो गए, उनके सारे कर्म समाप्त हो गए। इसलिए तो वे तीर्थंकर हैं—कांटा भी नहीं चुभ सकता। अगर तीर्थंकर निकलते हों और रास्ते पर कांटा पड़ा हो सीधा, तो उलटा हो जाता है। तो फिर जीसस को वे कैसे मानें कि ये तीर्थंकर की कोटि के हैं, क्योंकि इनको तो सूली लग जाती; कांटा चुभना तो दूर, सूली लग जाती। जरूर पिछले जन्मों के किसी महापाप का फल भोग रहे हैं!

लेकिन ईसाई को महावीर बिलकुल नहीं जंचते। क्या सार है कि नंग-धड़ंग खड़े हो गए? और आंखें बंद कर लीं और अपने मोक्ष की तलाश भी करने लगे, यह तो निपट स्वार्थ है। माना कि शांत हो गए होओगे, और माना कि प्रफुल्लित भी हुए, आनंदित भी हुए, लेकिन सेवा कहां? न अस्पताल खोला, न स्कूल चलाए, न अनाथों की सेवा की, न लूले-लंगड़ों के पैर दबाए, न कोढ़ियों का कोई इंतजाम किया। यह कैसा धर्म है? जीसस ने अंधों को आंखें दीं, बहरों को कान दिए, लंगड़ों को पैर दिए, बीमारों को चंगा किया, मुर्दों को जिलाया। ये लक्षण हैं। इन लक्षणों के अतिरिक्त कोई कैसे भगवत्ता को उपलब्ध माना जा सकता है?

तो ईसाइयों के हिसाब से महावीर और बुद्ध स्वार्थी हैं, निपट स्वार्थी हैं। अपने सुख की तलाश, यह तो वही की वही बात हुई, कोई अपना धन

खोज रहा है, कोई अपना धर्म खोज रहा है। मगर अपना! कोई संसार में जीत जाना चाहता है, कोई मोक्ष में—मगर अपनी जीत! अपनी विजय-पताका फहरानी है। कोई यहां जीतकर कहना चाहता है कि मैं महावीर हूं, कोई वहां जीतकर कहना चाहता है कि मैं महावीर हूं। कोई यहां विजेता बनना चाहता, कोई वहां। और जो वहां विजेता हो जाते हैं, उनको हम जिन कहते हैं, जिन्होंने जीत लिया। मगर वही जीत की भाषा हुई। ईसाइयों को नहीं जमती।

मुसलमानों से पूछो; न महावीर जमेंगे, न ईसा जमेंगे, न बुद्ध जमेंगे। मुसलमानों के हिसाब से तो मोहम्मद ही सच्चे पैगंबर हैं, असली पैगंबर! क्यों? क्योंकि जीवनभर जूझे, अज्ञानियों को रूपांतरित करने के लिए तलवार उठाई, जान जोखिम में डाली। लेकिन कस्त किया था, संकल्प किया था कि जो-जो भटके हुए हैं उन्हें रास्ते पर लाएंगे। मुसलमान बनाना यानी रास्ते पर लाना। जो-जो गुमराह हैं, मार्गच्युत हो गए हैं, अगर अपनी मर्जी से आ जाएं तो ठीक, लेकिन न आएं तो जबर्दस्ती भी लाना पड़े तो लाएंगे।

यूं समझो न, जैसे तुम्हारा छोटा सा बच्चा आग में हाथ डालना चाहे। मान जाए समझाने से तो ठीक, नहीं तो थप्पड़ भी मारोगे, झपटकर उसे खींच भी लोगे। मोहम्मद की महाकरुणा है—मुसलमान के हिसाब से—कि वे तलवार लेकर तुम्हारे पीछे पड़े, कि गर्दन उतार दूंगा, चलते हो मस्जिद कि नहीं, पढ़ते हो कुरान या नहीं? लो अल्लाह का नाम, क्योंकि जो अल्लाह को याद करेगा और कुरान के मार्ग पर चलेगा, वही मोक्ष पाएगा, वही स्वर्ग पाएगा। शेष सब तो नर्क की अग्नि में गिर जाएंगे। तुम्हें नर्क की अग्नि से बचाने के लिए कैसा अथक श्रम किया मोहम्मद ने! तुम्हारे विपरीत भी। तुम्हारी ही फिकर न की। यह भी फिकर न की कि तुम जाना भी चाहते हो स्वर्ग या नहीं। ये इसे कहते हैं महाकरुणा! न तो जीसस ने ऐसी करुणा दिखाई। अंधों को आंखें देने से क्या हो जाएगा? इतने लोगों को तो आंखें वैसे ही हैं, उनको क्या हो गया है? और बहरों को कान मिल गए तो क्या फायदा? वही फिल्मी गाने सुनेंगे जो तुम सुन रहे हो। और लंगड़े चलने भी लगे तो क्या करेंगे, जाएंगे कहां? वही शराब-घर, वही वेश्या के मुहल्ले में। और मुर्दों को जिला भी दिया, तो पहले ही जिंदा थे, पहले ही कौन सा बड़ा काम कर लिया था, अब क्या कर लेंगे?

लजारस को जिंदा कर दिया जीसस ने, फिर क्या किया, इसका तो कोई बताए? लजारस ने फिर किया क्या? फिर कुछ पता ही नहीं चलता कि

लजारस का हुआ क्या? चलो जिंदा ही हो गए तो फिर वही गोरखधंधा किया होगा, जो पहले करते थे।

सूफियों के पास तो एक कहानी भी है कि जीसस एक गांव में आए और उन्होंने देखा एक आदमी नाली में पड़ा हुआ गालियां बक रहा है। उसके पास गए समझाने कि भाई, क्यों गालियां बकता है? परमात्मा ने यह वाणी दी है, भजन गाओ, कीर्तन करो, प्रभु का नाम लो। जब पास गए तो देखा यह तो शकल पहचानी हुई मालूम पड़ती है। याद किया तो पता चला—अरे, यह आदमी तो गूंगा था! उस आदमी को हिलाया और कहा कि भई याद कर, मुझे भूल गया?

तो उसने कहा, भूलूं? सात जन्म नहीं भूलूंगा। मैं तो गूंगा था, भला था। यह तुमने ही मुझे जबान दी, अब इस जबान का क्या करूं? गालियां न दूं तो और क्या करूं, इस संसार में है क्या? सब तरह के दुष्ट हैं। पहले तो गूंगा था तो पी जाता था भीतर ही भीतर, अब जबान है तो कह देता हूं। इससे और अड़चन हो गई है। इससे और मुश्किल हो गई है। इससे रोज झगड़ा-फसाद खड़ा हो जाता है। यह तुमने जबान क्या दे दी, जिंदगी में झगड़े-फसाद दे दिए। और झगड़े-फसाद और चिंता और उपद्रव के कारण शराब पीने लगा हूं। यह सबका जुम्मा तुम्हारा है।

जीसस तो बहुत हैरान हुए। थोड़े आगे बढ़े तो उन्होंने देखा एक जवान आदमी एक वेश्या के पीछे चला जा रहा है—सीटी बजाता हुआ, एकदम मस्ती में गुनगुनाता हुआ! शकल पहचानी हुई मालूम पड़ी। रोका और कहा कि जवान आदमी हो और अभी से गलत रास्ते पर चले हो। अरे, इस जिंदगी को परमात्मा ने किसलिए दिया है?

उस आदमी ने कहा कि चुप, यह तू ही है। मैं तो बीमार था, मैं तो खाट से लगा था, खराब काम करना भी चाहता तो नहीं कर सकता था। तूने ही मुझे स्वस्थ किया। अब मुझे बता, इस स्वास्थ्य का क्या करूं? तूने मुझे जवानी दी, अब इस जवानी का क्या करूं? और अब बाधा डालने आया है? मैं तो इस झंझट से मुक्त ही था। हड्डी-हड्डी हो रहा था, उठ नहीं सकता था, बैठ नहीं सकता था, खांसता-खंखारता बिस्तर से लगा था। तूने मुझे जवान किया, स्वस्थ किया, चंगा किया, अब क्या करूं? सीटी न बजाऊं तो और क्या करूं? और सुंदर स्त्रियों के पीछे न जाऊं तो कहां जाऊं?

जीसस तो इतने उदास हो गए कि गांव छोड़कर बाहर निकले। वहां

देखा कि एक आदमी इंतजाम कर रहा है मरने का। हो सकता है लजारस ही हो। फंदा लगाकर झाड़ में लटकने के करीब ही है कि जीसस ने जाकर रोका कि रुक भाई, यह तू क्या कर रहा है?

उस आदमी ने कहा कि पहचानो कि मैं कौन हूं। मैं तो मर गया था, उस वक्त भी तू आ गया और मुझे जिंदा कर दिया। और जिंदगी में मुझे कुछ सार मालूम होता नहीं। सिवाय दुख, सिवाय संताप के, चिंताओं के कुछ भी नहीं। अब तू जा, राह से लग अपनी। मुझे मरने दे। मुझे नहीं चाहिए यह जिंदगी। मुझे माफ कर। अब और चमत्कार न दिखा, देख चुका बहुत चमत्कार। अपने चमत्कार अपने पास रख।

सूफियों की यह कहानी बड़ी अदभुत है। इसमें बात तो कुछ पते की है। क्या होगा आदमी को जिंदगी भी देने से? आंख दे दिए, पैर दे दिए, जबान दे दी, क्या होगा? आदमी वही करेगा जो सारे दुनिया के लोग कर रहे हैं। तो मुसलमान नहीं कहता कि यह कोई चमत्कार है। चमत्कार तो सिर्फ एक है कि लोगों को अगर मर्जी से हो तो मर्जी से, और अगर न मर्जी से हो तो न मर्जी से। लेकिन अल्लाह की याद दिलाओ, उनको मुसलमान बनाओ।

तुम्हें लगेगा कि यह बात बड़ी जबर्दस्ती की है, स्वतंत्रता छिन रही है। यह तो बच्चे को भी लगेगा कि वह आग की तरफ जा रहा है और मां उसकी खींच रही है, स्वतंत्रता छिन रही है। लेकिन ये सारे लोग इतनी विभिन्न भाषा में बोलते हैं; इतने अलग-अलग ढंग और अलग-अलग लहजे हैं इनके। इनकी शैलियां और व्यवस्थाएं ऐसी हैं कि तुम किसको प्रमाण मानोगे?

न एको मुनिर्यस्य वचः प्रमाणम्।

किसी भी एक मुनि का कोई वचन प्रमाण नहीं है। फिर क्या रास्ता है?

सूत्र कहता है : धर्मस्य तत्वं निहितं गुहायाम्।

आनंद किरण, तुमने इसका अनुवाद किया कि धर्म का तत्व तो गहन है। उस अनुवाद में यूं तो कुछ भूल नहीं, भाषा के लिहाज से अनुवाद बिलकुल ठीक है; मगर अनुभव के लिहाज से भूल है।

धर्मस्य तत्वं निहितं गुहायाम्।

सिर्फ भाषांतर, शुद्ध भाषा का ही रूपांतरण करना हो, तो तुम्हारा अनुवाद ठीक है कि धर्म का तत्व तो गहन है। लेकिन अगर इसके भाव में उतरना हो, भाषा को ही न पकड़ना हो, तो इसका अर्थ बहुत और है। इसका अर्थ है धर्म का तत्व तो स्वयं के भीतर की गुहा में छिपा हुआ है। गुहायाम्!

वह जो अंतर-गुहा है, वह जो हृदय की गुफा है, वहां छिपा हुआ है। न तो मुनि के वचनों में मिलेगा, न श्रुतियों में, न स्मृतियों में। अंतर-गुहा में। हिमालय की गुफाओं में नहीं, भीतर की गुफा में। अपनी ही चेतना में डुबकी लगाओगे तो पाओगे।

धर्मस्य तत्वं निहितं गुहायाम्।

क्योंकि श्रुतियां भी बाहर हैं, स्मृतियां भी बाहर हैं, मुनियों के वचन भी बाहर हैं और धर्म तो तुम्हारे भीतर है। धर्म तो तुम्हारा स्वभाव है, स्वरूप है।

धर्मस्य तत्वं निहितं गुहायाम्।

खोजो उसे अपनी ही गुहा में। धर्म का तत्व तो मिलेगा समाधि से, क्योंकि समाधि है अपने में डुबकी।

महाजनो येन गतः स पंथाः।

और महाजन जिस मार्ग पर चलते हैं वही केवल मार्ग है।

तुम पूछते हो, 'महाजन की पहचान क्या है?'

बुद्धि के लिए तो महाजन की कोई पहचान नहीं हो सकती, क्योंकि महाजन की प्रतीति ही बुद्धि की प्रतीति नहीं। और पहचान की भाषा बुद्धि की भाषा है।

तुम पूछ रहे हो, 'कौन से लक्षण?'

फिर उपद्रव शुरू हो जाएगा—वही उपद्रव जो मुनियों के लिए है, वही महाजन के लिए हो जाएगा। किस बात को लक्षण मानोगे? दिगंबरत्व लक्षण है महापुरुष का? तो फिर नग्न दिगंबर जैन मुनि ही केवल महाजन रह जाएंगे। फिर ईसा और जरथुस्त्र और बुद्ध और लाओत्सु और च्वांगत्सु जैसे अदभुत पुरुष महापुरुष न रह जाएंगे, महाजन न रह जाएंगे। किस बात को लक्षण मानोगे? अगर लोगों की सेवा करना ही लक्षण है तो महावीर ने कभी किसी की कोई सेवा नहीं की।

मेरे पास पत्र आ जाते हैं लोगों के। जैन भी मुझे पत्र लिख देते हैं कि आप गरीबों की सेवा क्यों नहीं करते? अगर ये महावीर को मिल जाएं, महावीर से भी कहेंगे कि गरीबों की सेवा क्यों नहीं करते! क्या तुम सोचते हो महावीर के समय में गरीब नहीं थे, कोढ़ी नहीं थे, अंधे नहीं थे, लंगड़े नहीं थे, लूले नहीं थे? सब थे। महावीर ने किसी की सेवा नहीं की, न बुद्ध ने किसी की सेवा की। लक्षण क्या है? अगर सेवा लक्षण है तो फिर ईसाई मिशनरी—महाजन। वे सेवा में ही लगे रहते हैं। उनका काम ही सेवा करना

है। उनका धर्म ही सेवा है।

अगर समाधि लक्षण है तो समाधि बड़ी भीतर की बात है। किसको मिली, किसको नहीं मिली—कौन तय करे? कैसे तय करे? रामकृष्ण मूर्च्छित हो जाते थे समाधि में। बुद्ध कभी मूर्च्छित नहीं हुए। अगर बौद्धों से पूछो तो रामकृष्ण की समाधि—जड़ समाधि, असली समाधि नहीं। यह कोई समाधि हुई? समाधि में तो चैतन्य प्रगाढ़ होना चाहिए। यह तो चेतना और खो गई। और बौद्धों से मनोचिकित्सक भी राजी हैं। मनोचिकित्सक भी रामकृष्ण के संबंध में यही कहते हैं कि यह एक तरह का मिर्गी का फिट है। और लक्षण मिलते हैं कि मिर्गी में भी जो घटना घटती है वही रामकृष्ण को घटती थी। मुंह से फसूकर बहता था, आंखें ऊपर चढ़ जाती थीं, हाथ-पैर अकड़ जाते थे। अब बहुत मुश्किल है कि महाजन का लक्षण क्या? यह मिर्गी आ रही है कि समाधि लग रही है? बुद्ध को तो ऐसी कभी समाधि लगी नहीं। लेकिन अगर रामकृष्ण को मनाने वाला इसको समाधि मानता हो तो उसको बुद्ध की समाधि में शक होगा कि न तो हाथ-पैर अकड़ते हैं, न आंखें ऊपर चढ़ती हैं। दोनों आंखें ऊपर चढ़नी चाहिए, तब तो तृतीय नेत्र का अनुभव होगा। दांत भिंच जाने चाहिए, उस बात का लक्षण है कि ऊर्जा ऊपर जा रही है। रामकृष्ण की जीभ कट जाती थी कभी-कभी दांतों के बीच पड़ जाती थी। फसूकर तो निकलना ही चाहिए? वह इस बात का लक्षण है कि देह और आत्मा का तादात्म छूट गया। अब किसको लक्षण मानोगे?

तो महाजन कौन है, बुद्धि के द्वारा कोई निर्णय नहीं हो सकता। फिर निर्णय होता है—हृदय से। जिससे तुम्हारी प्रीति लग जाए, जिससे तुम्हारे हृदय का छंद मिल जाए, जिसके पास बैठकर तुम्हारा आनंद-कमल खिले—वही महाजन है। बाकी ऊपरी बातें छोड़ दो। जिसको कार्ल गुस्ताव जुंग ने सिंक्रानिसिटी कहा है। जिसके पास बैठकर तुम्हारे भीतर संगीत बज उठे। जिसके भीतर जीवन अपनी परिपूर्णता में जागा हो, निश्चित ही उसके पास अगर कोई मौन समर्पित भाव से बैठे तो उस जीवन की छाप, उस जीवन का धक्का तुम्हारी सोई हुई चेतना को भी लगेगा। वे किरणें तुम्हारे भीतर भी प्रवेश करेंगी और तुम्हारे भीतर भी एक नई शृंखला का सूत्रपात होगा। तो जिसका जहां तालमेल बैठ जाए। सिंक्रानिसिटी का अर्थ है: तालमेल, छंदबद्धता, लयबद्धता। जिसकी बांसुरी सुनकर तुम्हारे भीतर कोई नाच उठे, तुम्हारे पैरों में अचानक घूंघर बजने लगें—वही महाजन है।

महाजन की परीक्षा बौद्धिक नहीं है, हार्दिक है; तार्किक नहीं है, प्रीतिगत है। और प्रेम तो पागल होता है। प्रेम कोई हिसाब-किताब मानता है? जहां तुम्हारा मन-मयूर नाचे, वह महाजन है। फिर तुम किसी की न सुनना, दुनिया कुछ भी कहे। अगर तुम्हारा मन-मयूर मोहम्मद के पास नाचे तो तुम फिर फिक्र मत करना कि कौन क्या कहता है, कि वीतराग हैं या नहीं? तुम्हारा मन-मयूर नाचा तो मोहम्मद तुम्हारे लिए महाजन तो हैं ही और दुनिया में बहुत तरह के लोग हैं। किसी को बांसुरी प्यारी लगती है और किसी को न भी लगे। और किसी को सितार प्यारा लगता है और किसी को न भी लगे।

तुम्हारा रुझान इतना भिन्न-भिन्न है कि कोई बुद्ध के साथ नाच उठेगा, कोई महावीर के साथ नाच उठेगा, कोई मोहम्मद के साथ, कोई जीसस के साथ, कोई कबीर के साथ। कहां तुम्हारी गुनगुन पैदा हो जाए—जहां तुम्हारे भीतर गुंजन आ जाए, जिसके माध्यम से तुम्हारे भीतर का पक्षी पर फड़फड़ा दे, आकाश में उड़ने को आतुर हो जाए—वही महाजन है।

महाजनो येन गतः स पंथाः।

फिर महाजन क्या कहता है, इसकी बहुत फिक्र मत करना। कैसे जीता है, इसकी चिंता करना। कहने में मत उलझना। उसके जीवन को, उसके जीवन के सौंदर्य को, उसके जीवन के प्रसाद को पीना। कैसे उठता, कैसे बैठता। गीता में कृष्ण ने स्थितिधी की परिभाषा की है—कैसे उठता, कैसे बैठता, कैसे चलता। हर हाल में, दुख हो कि सुख, सम रहता। जीत हो कि हार, उसे अंतर नहीं पड़ता।

तुम महापुरुष के या महाजन के शब्दों की बहुत चिंता मत करना। तुम उसके जीवन की पहचान में उतरना। उसकी आंखों में झांकना। उसके प्राणों के साथ अपना तालमेल जोड़ना। उसकी जीवन-चर्या को ही तुम उसका संदेश समझना।

महाजनो येन गतः स पंथाः।

जैसे महाजन चलते हैं, उठते हैं, बैठते हैं, जीते हैं—बस वैसे ही जीना। और ध्यान रहे, इसका अर्थ यह नहीं है कि तुम उनका अनुकरण करना, कि नकल करना। इसका कुल इतना अर्थ है कि तुम उनके साथ अपने छंद को जोड़ना। तुम इतने शून्य हो जाना कि तुम्हारे भीतर अहंकार न बचे, ताकि जिस महापुरुष से, जिस महाजन से तुम्हारी प्रीति लग गई हो, उसका जीवन तुम्हें पूरा का पूरा आच्छादित कर ले, उसकी वर्षा तुम पर पूरी-पूरी हो

जाए। अपने पात्र को खुला कर देना, ढांक कर मत बैठे रहना। अपने सब पर्दे गिरा देना, ताकि उसकी किरणें तुम्हारे भीतर आ जाएं। अपने सब द्वार-दरवाजे खोल देना, ताकि उसकी हवाएं आएं और तुम्हारी धूल-धवांस को झाड़ ले जाएं।

महाजनो येन गतः स पंथाः।

इसलिए न तो श्रुतियों में भटकना, न स्मृतियों में, न मुनियों के वचनों में। क्योंकि सत्य तो तुम्हारे भीतर छिपा है। लेकिन तुम्हें अपने सत्य का अभी पता नहीं है; इसलिए जिसे पता हो...और किसे पता है? जिसके पास बैठकर तुम्हारे भीतर का सत्य अंगड़ाई लेने लगे, उसे पता है बस; इसके सिवाय और कोई प्रमाण नहीं है। जिसके पास बैठकर तुम्हें खुमारी छाने लगे, मस्ती आने लगे, समझ लेना इशारा, कि यही है वह जगह, कि यही है वह मंजिल, जिसकी मैं तलाश करता था; कि यही है वह मंदिर जिसकी चौखट पर मेरे सिंर को झुका देना है, फिर उठाना नहीं। तो वह जो धर्म का अत्यंत गहराइयों में छुपा हुआ तत्व है, उसका साक्षात्कार हो सकता है।

धर्मस्य तत्वं निहितं गुहायाम्
महाजनो येन गतः स पंथाः।।

योग प्रीतम का यह गीत—

बहो मेरी नदिया, बहो धीरे-धीरे
बहो भाव निर्झर, बहो धीरे-धीरे

महाजन की पहचान भाव-निर्झर से होगी। जिसके पास तुम्हारे भाव का झरना बहने लगे—वह झरना जो सदियों से अवरुद्ध पड़ा है।

बहो मेरी नदिया, बहो धीरे-धीरे
बहो भाव-निर्झर, बहो धीरे-धीरे
बहो यों, जमाना बहे साथ तेरे
बनो इक तराना कि सब गुनगुनाएं
हृदय के वनों में—गहन घाटियों में
कहो मौन-मुखरित स्वयं की कथाएं
उड़ो मेरी मैना, उड़ो हौले-हौले
उड़ो मेरे सुगना, उड़ो धीरे-धीरे
उड़ो इस तरह चित्त-आकाश में तुम
तुम्हें देखकर पंख सब फड़फड़ाएं

उड़ो यों, उन्हें याद आ जाए खुद की
जुड़ो यों कि सबके हृदय भी जुड़ाएं
खिलो मेरी कलियां, हृदय-वृन्त पर तुम
खिलो मेरे फुलवा, खिलो धीरे-धीरे
खिलो, देख तुमको खिलें चित्त सारे
कोई गीत गाओ, गजल गुनगुनाओ
डुबा दो सभी को सुरभि-सिंधु में तुम
कि सौंदर्य का राज सबको सुनाओ
झरो मेरी बदली—सुधा-वर्षिणी बन
झरो मेरे मेहा, झरो धीरे-धीरे
झरो यों, बहारों के मेले जुड़ें नित
कहीं मोर नाचे, पपीहा पुकारे
धरा लहलहाए, हृदय झूम गाए
बहे सुख-सरित तोड़कर सब किनारे
कहो मेरी मस्ती, बहकते हुए कुछ
कहो मेरे मनवा, कहो धीरे-धीरे
मदिर सा कहो कुछ, मधुर सा कहो कुछ
कि ज्यों कोकिला की कुहू आम्रवन से
कि जैसे चटक कर कली कह उठे कुछ
छिड़े तान, जोड़े धरा को गगन से
रहो मेरे मितवा, रहो साथ मेरे
हृदय की कहानी, कहो धीरे-धीरे
बहो मेरी नदिया, बहो धीरे-धीरे
बहो भाव-निर्झर, बहो धीरे-धीरे

महाजन की पहचान भावों से होती है, तर्कों से नहीं, सिद्धांतों से नहीं। इसलिए महाजन की पहचान केवल दीवाने कर पाते हैं। शमा जलती है तो परवाने खिंचे चले आते हैं। बस परवाने ही पहचान पाते हैं। परवाने मरने चले आते हैं।

धर्म का तत्व तो अत्यंत गहरी गुफाओं में छिपा पड़ा है—उन गुफाओं में जो तुम्हारे भीतर हैं, लेकिन जिनका तुम्हें कोई पता नहीं, कोई पहचान नहीं। लेकिन जिसके भीतर धर्म का अनुभव प्रगाढ़ हो गया हो, उसकी

मौजूदगी में तुम्हारे भीतर भी टंकार पड़ सकती है, तुम्हारे वीणा के तार भी उसकी बजती वीणा के कारण झंकृत हो सकते हैं। जो जाग गया है उसकी मौजूदगी तुम्हारी नींद को भी तोड़ने का कारण हो सकती है।

इसलिए महाजन की पहचान, आनंद किरण, बुद्धि की बात नहीं। बुद्धि के लक्षणों से कुछ भी न होगा। भाव की बात है, दीवानगी की बात है, मस्ती की बात है, खुमारी की बात है। यह मामला पियक्कड़ों का है, रिन्दों का है; मंदिरों का कम, मयकदों का ज्यादा है। शराबियों का ज्यादा, जुआरियों का ज्यादा, दुकानदारों का कम।

यह पूरी प्रक्रिया प्रेम की प्रक्रिया है। कैसे तुम पहचान लेते हो कि किसी स्त्री से तुम्हारा प्रेम हो गया, कि किसी पुरुष से तुम्हारा प्रेम हो गया? कैसे? क्या प्रमाण होता है? कौन सी श्रुति, कौन सी स्मृति? होता है तो हो जाता है, नहीं होता तो नहीं होता। लाख उपाय करो तो नहीं होता। और हो जाए तो लाख उपाय करो, तो मिटा नहीं पाते। ठीक ऐसी ही घटना, प्रेम की ही घटना एक बहुत ऊंचे तल पर गुरु और शिष्य के बीच भी घटती है। मगर वह घटना प्रेम की है।

दूसरा प्रश्न : भगवान,
जड़ों के बिना फूलों की संभावना नहीं और अतीत के बिना वर्तमान संभव नहीं।
ऐसे ही हमारी जड़ें भारतीय संस्कृति के चिरंतन गौरव से जुड़ी हैं।
यह जो आप संन्यास का फूल खिला रहे हैं, इसकी जड़ें भी भारतीय संस्कृति में हैं,
इससे आप इनकार नहीं कर सकते।
ध्यान, जो कि आप सिखा रहे हैं, यह भी आपका मौलिक नहीं है।
फिर क्यों नहीं आप भारतीय संस्कृति की अक्षुण्ण सनातन धारा को स्वीकार करते हैं?
क्या यह भी एक सत्य नहीं है कि आप भी भारतीय संस्कृति की पृष्ठभूमि में खिले एक श्रेष्ठतम फूल हैं?
भगवान, आशा है कि आप इसे स्वीकार करेंगे।

भारत भूषण,

आशा तो प्यारी है, पर क्षमा करना, निराश करूंगा। नहीं स्वीकार कर

सकता हूं। तुम्हारी बातें ऊपर से तो बिलकुल ठीक लगती हैं, भीतर से बिलकुल भी ठीक नहीं।

पहली बात : 'जड़ों के बिना फूलों की संभावना नहीं...।'

यह सच है, जहां तक भौतिक फूलों का संबंध है, जड़ों के बिना फूलों की कोई संभावना नहीं। लेकिन बुद्धत्व तो आकाश कुसुम है। यह कोई साधारण फूल नहीं। यह कोई पौदगलिक, पदार्थगत फूल नहीं है। यह तो फूल ही अदृश्य है। और यह अदृश्य फूल जड़ों से नहीं जुड़ा होता। लेकिन जैसा हम सोचते हैं कि अतीत के बिना वर्तमान कैसे संभव होगा?

वही तुमने कहा कि 'अतीत के बिना वर्तमान संभव नहीं...।'

और मैं तुमसे कहना चाहूंगा : अतीत के कारण ही वर्तमान संभव नहीं हो पाता है। तुम कहते हो, अतीत के बिना वर्तमान संभव नहीं। और मैं भी तुम्हारी बात समझा। यही बात कोई भी कहेगा। लेकिन तुम भी कोशिश करो मेरी बात समझने की। अतीत के कारण ही वर्तमान संभव नहीं। जब अतीत गिर जाता है तभी वर्तमान संभव होता है।

साधारण लोकोपचार में अतीत, वर्तमान और भविष्य, समय के तीन खंड हैं। लेकिन जिन्होंने समाधि को जाना है, उनके लिए समय के दो खंड हैं—अतीत और भविष्य। वर्तमान समय का खंड ही नहीं। वर्तमान शाश्वत का हिस्सा है, समय का नहीं। समय तो प्रवाहमान है और शाश्वत थिर है। वर्तमान तो शाश्वत का प्रवेश है समय की धारा में। जैसे अंधेरे में कोई किरण उतर आए। माना कि अंधेरे में है किरण, लेकिन अंधेरे का हिस्सा नहीं है; हिस्सा तो किसी सूरज का है। जैसे अंधेरे में उतरती हुई किरण। जैसे तुम्हारे घर में अंधेरा छाया है और सिर्फ खप्पड़ की जरा सी संध से, सूरज की एक किरण उतर आई है। यूं तो तुम्हारे अंधेरे कमरे का ही हिस्सा है, ऊपर से देखने पर, क्योंकि तुम्हारे अंधेरे कमरे में मौजूद है; लेकिन तुम्हारे अंधेरे कमरे का हिस्सा नहीं। अंधेरे का प्रकाश कैसे हिस्सा हो सकता है? है तो किरण सूरज की।

ऐसे ही वर्तमान शाश्वत का हिस्सा है, समय का नहीं। समय का तो दो खंड़ों में विभाजन हो सकता है—अतीत और भविष्य। और जो वर्तमान में ठहर जाता है, उसकी न तो अतीत में कोई जड़ें होती हैं और न भविष्य में कोई शाखाएं होती हैं। वह तो पूर्णतया वर्तमान में ही होता है। और वर्तमान इतना विराट है कि अब क्या जरूरत अतीत की और क्या जरूरत भविष्य की?

D-2150